Antonio Sérgio de Oliveira

ESTOQUE NO SPED FISCAL

Manual do escritório contábil – Desvendando os mistérios dos Blocos K e H

EDITORA Labrador

Copyright © 2019 de Antonio Sérgio de Oliveira
Todos os direitos desta edição reservados à Editora Labrador.

Coordenação editorial
Erika Nakahata

Projeto gráfico, diagramação e capa
Antonio Kehl

Revisão
Isabel Silva
Fausto Barreira Filho

Dados Internacionais de Catalogação na Publicação (CIP)
Angélica Ilacqua – CRB-8/7057

Oliveira, Antonio Sérgio de
  Estoque do Sped Fiscal : manual do escritório contábil – desvendando os mistérios dos Blocos K e H / Antonio Sérgio de Oliveira. – São Paulo : Labrador, 2019.
  96 p.
  ISBN: 978-65-5044-039-8

  1. Contabilidade tributária – Brasil 2. Documentos fiscais 3. Sistema Público de Escrituração Digital I. Título

19-2553   CDD 657.460981

Índice para catálogo sistemático:
1. Contabilidade tributária - Brasil

Editora Labrador
Diretor editorial: Daniel Pinsky
Rua Dr. José Elias, 520 — Alto da Lapa
São Paulo/SP — 05083-030
Telefone: +55 (11) 3641-7446
contato@editoralabrador.com.br
www.editoralabrador.com.br
facebook.com/editoralabrador
instagram.com/editoralabrador

A reprodução de qualquer parte desta obra é ilegal e configura uma apropriação indevida dos direitos intelectuais e patrimoniais do autor.

A editora não é responsável pelo conteúdo deste livro.
O autor conhece os fatos narrados, pelos quais é responsável, assim como se responsabiliza pelos juízos emitidos.

Agradecimentos

Em primeiro lugar, agradeço a essa força maior do Universo, que nos governa e nos guia, a que chamo de Deus – Aquele que sempre nos proporciona condições para crescermos e nos desenvolvermos.

Agradeço aos meus filhos, Isabela e Jorge, que são minha maior inspiração para o trabalho.

À minha amiga e parceira de trabalho, professora Priscila Maluzza, que me incentivou desde o início, quando o livro não passava de uma ideia.

Agradeço aos meus alunos, clientes e seguidores, a quem procuro oferecer sempre o melhor trabalho.

Agradeço também a Marcelo Lombardo, Ana Lucia Meneguini e toda a equipe de marketing da empresa Omie, que viabilizaram a realização desta obra, e a Erika Nakahata, minha paciente editora, que me orientou na melhor organização do conteúdo, o qual espero ser da maior utilidade aos meus queridos leitores.

Sumário

Prefácio – *por Marcelo Lombardo* 7

Módulo 1 9

Introdução..11

Gravidez não planejada: de repente, nasce uma empresa 13

Projeto Sped, mudança de paradigma e Big Brother 17

Bloco K: a mais nova surpresa do Kinder® Ovo 20

Quem é o responsável pelos Blocos K e H? 25

Método Estoque Parceria 4C: a solução 28

Módulo 2 33

Detalhamento dos pontos importantes do Método
Estoque Parceria 4C 35

Passo 1: encontro coletivo com os clientes 36

Passo 2: reunião individual com cada cliente 40

Passo 3: desvendando o inventário 43

Passo 4: avaliação do sistema do cliente 47

Passo 5: adequação de cadastro e código de item 49

Passo 6: adequação de cadastro e tipos de item 51

Passo 7: adequação da ficha técnica dos produtos 56

Passo 8: tratamento da industrialização por encomenda 60

Passo 9: organização dos processos da empresa 63

Passo 10: manutenção da organização 66

ICMS: perdas ou quebras de estoque? 69

Alteração de código do "Registro 0205" 73

Cruzamento dos Blocos K e H em dezembro 76

Simples Nacional: cuidado na industrialização 79

Advertência aos clientes 83

Diagnóstico do cliente para o Bloco K 85

Conclusão 89

Depoimentos de profissionais tributários 91

Bibliografia e *sites* sugeridos 95

Prefácio

Não há dúvidas quanto à profundidade do controle do Estado brasileiro sobre as transações comerciais em nosso país, mas cabe a nós, empresários, tentar ao máximo fazer com que esse controle excessivo se volte a nosso favor.

Pode parecer estranho dizer isso agora, tendo em vista que o Brasil acaba de cair oito posições no ranking Doing Business. Publicado pelo Banco Mundial, o ranking analisa a facilidade de fazer negócios em 190 países. E a queda da 116ª colocação para a 124ª é um reflexo da complexidade de processos necessários para atender ao fisco e às exigências regulatórias do governo brasileiro.

Acredito que a bandeira que todos devemos carregar e empunhar no alto é a da menor complexidade possível. Neste momento em que escrevo, tramita no Congresso uma reforma tributária — nada me deixaria mais feliz do que um intenso debate sobre o tema, e não uma mera simplificação cosmética.

Juntando-se a simplificação e a tecnologia disponível, não é tão utópico imaginar um governo eletrônico que valide, em tempo real, os cálculos e apure os tributos automaticamente. Mas, sendo alguém com amplos conhecimentos sobre as estruturas do emaranhado tributário brasileiro, do ponto de vista de quem produz *software*, tenho poucas esperanças.

Diante desse cenário, o que fazer? Vamos nos sentar e chorar juntos? É evidente que não. Na verdade, existe apenas uma atitude viável, que é rever nosso posicionamento mental frente ao problema. O motivo é simples: independentemente da complexidade das regras tributárias, se quisermos ter negócios funcionando e gerando resultados, precisamos conviver com isso da melhor forma possível. E, para tanto, é fundamental buscar as facetas positivas para nos apoiar e progredir.

Com toda essa complexidade, vejo muitos empresários que praticamente estão trabalhando para o governo. E é aí que a tecnologia entra em cena. Pense: "Vou usar a tecnologia para cuidar do meu negócio e, se eu fizer isso da melhor maneira, a geração das informações exigidas pelo fisco será apenas uma consequência".

Esse modo de pensar também põe fim ao jogo de "puxa e empurra" que tem marcado as relações entre contadores e seus clientes. Ao fazer uso da tecnologia, as duas partes podem compartilhar o mesmo banco de dados, facilitando as entregas e reduzindo os erros.

Se não podemos alterar a situação tributária brasileira, podemos mudar a forma como lidamos com ela. Buscar conhecimento aprofundado é o primeiro passo, e por isso desejo que você tire o máximo proveito desta obra do meu amigo, professor Antonio Sérgio de Oliveira.

Boa leitura!

Marcelo Lombardo
CEO e fundador da Omie

Módulo 1

Introdução

Visando aperfeiçoar a fiscalização sobre as empresas, o governo criou uma nova obrigação, denominada Bloco K. Antes disso, ao instaurar a obrigação chamada Sped Fiscal para fiscalizar o estoque das empresas, o fisco já havia estabelecido outra: o Bloco H. Com essa nova medida, o governo espera colocar fim à sonegação de impostos por parte de indústrias e demais empresas brasileiras. Trata-se de um registro para controlar a movimentação dos materiais na produção e no estoque de uma empresa.

Antigamente, as informações fiscais que o governo precisava eram registradas em livros manuais, mas a modernidade fez com que o governo passasse a exigir tudo em um formato eletrônico, assim fica muito mais fácil fiscalizar. Essa medida já deveria ter sido adotada há mais tempo, mas o governo, por diversas vezes, prorrogou a data da exigência da apresentação do Bloco K (também conhecido como Livro Registro de Controle da Produção e do Estoque – Modelo 3). Entretanto, desde 2017, iniciou-se a implantação definida em um calendário onde as empresas foram entrando gradativamente, conforme veremos no decorrer do livro.

Hoje, podemos dizer que o Bloco K já é uma realidade para as empresas. Nossa cultura empresarial acostumou-se durante muito tempo a contar com sucessivas prorrogações de obrigações acessórias seja pelo fato de os contribuintes não estarem preparados, seja pelo fato de o próprio governo estar despreparado também. Mas, a partir de agora, a exigência está colocada e não nos resta alternativa a não ser cumpri-la ou nos sujeitarmos às multas.

O grande nó da questão é que a maioria das pequenas indústrias não está preparada para apresentar aquilo que o governo está pedindo e as multas não são pequenas. O meu objetivo é ajudar você, contador, funcionário, empresário e cliente de um escritório contábil a entender e a cumprir essa nova obrigação de forma segura, evitando multas, contratempos e problemas com o governo.

Vem comigo!

Gravidez não planejada: de repente, nasce uma empresa

Grande parte das pequenas empresas no Brasil nasce sem um planejamento adequado, assim como uma gravidez não planejada. De repente, meio sem saber como, o indivíduo se vê na cadeira de empresário. Assim como na gravidez não planejada, na criação de muitas empresas, os cuidados necessários também não foram tomados e o planejamento necessário não foi realizado.

A empresa é montada, começa a funcionar e seja o que Deus quiser. Algumas sobrevivem. Muitas não resistem e acabam fazendo parte da triste estatística de mortalidade empresarial. Segundo uma pesquisa do Instituto Brasileiro de Geografia e Estatística (IBGE) publicada no *Valor Econômico*, em 2017, quase 60% das pequenas empresas fecham suas portas nos cinco primeiros anos de existência.

Recentemente, em um evento na cidade de Salvador, onde fui palestrar sobre o Bloco K, ouvi do professor Gilberto Cunha, palestrante do mesmo evento, uma definição precisa sobre a situação de muitas pequenas empresas que nascem sem planejamento: "Toda empresa nasce de um bom vendedor ou de um bom técnico". É exatamente essa a condição de nascimento de muitas empresas que são formadas a partir de funcionários de sucesso que resolvem empreender. Mas ser um bom vendedor não garante um bom empresário.

No meu entendimento, ser empresário é uma profissão assim como um advogado, um contador, um médico, um engenheiro, um torneiro mecânico. Deveria ser exigido, para abrir uma empresa, que o candidato ou candidata a empreender possuísse uma formação necessária mínima para administrar uma empresa. O desconhecimento da realidade administrativa e burocrática da atividade empresarial leva a conflitos constantes entre o escritório contábil e o cliente.

Empresário *versus* contador: falta de sintonia

Em minha rotina de trabalho diário junto aos escritórios de contabilidade e seus clientes, vivencio com frequência as reclamações de ambos os lados, contadores e empresários, acerca da difícil relação e da falta de compreensão da parte contrária: os empresários reclamam dos contadores; e os contadores reclamam dos empresários.

Os contadores precisam de informações para trabalhar, e os empresários, muitas vezes, não possuem os controles internos adequados para atender às solicitações dos contadores, as quais nem são exatamente dos contadores, mas sim do governo.

Um dos meus objetivos com este livro é unir essas duas partes, diminuindo o ruído na comunicação entre empresário e contador.

Kinder® Ovo compulsório

Quando se pensa em criar uma empresa, uma das perguntas que se deve fazer é: terei sócios ou criarei minha empresa sozinho? Sócio é a pessoa escolhida por quem vai empreender para dividir as tarefas, os gastos e os benefícios da empresa. Ter um sócio ou sócia é uma opção, é alguém escolhido de livre e espontânea vontade, é alguém com quem vamos dividir os lucros do empreendimento.

Mas um ponto importante, que geralmente não passa pela cabeça de quem vai criar uma empresa, é que a nossa legislação automaticamente inclui na sociedade um sócio que entra de bicão na empresa. Alguém não convidado, mas que vai exercer um poder imenso nas decisões, nos rumos e nos lucros do negócio. Eu costumo dizer que ao criar uma empresa o empresário ganha compulsoriamente um sócio Kinder® Ovo.

Kinder® Ovo é aquele chocolate que vem com uma surpresa dentro, adorado pelas crianças, que se divertem em descobrir o que vai aparecer. É como se o governo dissesse: "Surpresa!!! Empresário, você ganhou um sócio Kinder® Ovo!!! Agora você tem que abrir pra ver o que vem dentro..." E o seu sócio é...: o governo, aquele que entra de bicão levando boa parte dos ganhos.

Como eu disse, isso faz parte do sistema legal, o empresário não pode recusar essa companhia, não pode negociar, não pode mandar embora, não pode desfazer esse relacionamento com o sócio "governo".

E mesmo que a decisão seja não constituir sociedade, que a pessoa resolva empreender sozinha, não dá para escapar do Kinder® Ovo, ele estará lá também, pacientemente esperando (às vezes, nem tão pacientemente assim) para receber a parte dele no negócio.

Não importa o que você faça, seu Kinder® Ovo sempre estará lá esperando a parte dele.

Escritório contábil fazendo o meio de campo

O empresário só se dá conta da existência e da importância desse sócio depois que o negócio já está criado. A falta de um bom plano de negócios leva a esse tipo de surpresa, assim como a gravidez não planejada e não prevenida, o empresário mal percebe e o sócio Kinder® Ovo já está lá dentro.

Trata-se de um sócio exigente, que não se contenta em levar apenas parte dos lucros da empresa, ele impõe uma série de tarefas e obrigações que devem ser cumpridas. É nesse ponto que entra a figura abençoada do contador, do escritório contábil, que vai fazer o meio de campo entre o empresário e o sócio surpresa.

É o contador que vai "abrir" o Kinder® Ovo e descobrir quais são as surpresas escondidas lá dentro. É o escritório contábil que vai se relacionar com o sócio Kinder® Ovo. E, como esse sócio entrou de bicão na sociedade, o empresário nem faz muita questão de se relacionar com ele, deixa tudo nas mãos do contador. A consequência desse distanciamento entre o empresário e seu "sócio" é que muitas vezes ele nem sabe o que está surgindo dentro do ovo e por isso não se prepara, não se organiza, não leva muito a sério seu sócio governo. Não se dá conta de que seu sócio surpresa é poderoso, tem o poder da caneta, faz as leis e as regras que a empresa deve seguir e quando ele se irrita pode multar e comprometer financeiramente a empresa.

Em meus trabalhos de consultoria para pequenas empresas, já me deparei com situações em que as multas impostas pelo governo pela emissão de notas fiscais erradas e falta de controle de estoque adequado quase as quebraram. Por isso, passe rapidamente para o próximo capítulo para entender melhor esse cenário e não ser surpreendido por seu sócio Kinder® Ovo.

Projeto Sped, mudança de paradigma e Big Brother

Estamos ainda vivendo um momento de grande transformação no cenário empresarial. Algumas palavras que relatei em meu primeiro livro,[1] continuam plenamente válidas:

> Estamos vivendo um momento histórico.
> Ouvimos falar constantemente em mudança de paradigma.
> Mas o que seria mesmo, na prática, este tal de paradigma?
> O termo paradigma na definição do dicionário Houaiss significa: "um exemplo que serve como modelo; padrão."
> Então, esta expressão "mudança de paradigma" quer dizer que devemos mudar o modelo, mudar o padrão, mudar o jeito como vínhamos fazendo as coisas até então. É olhar de um jeito diferente, é pensar de um jeito diferente, é passar a fazer de um modo diferente do que sempre fizemos.
> Estas novas obrigações SPED (ICMS, IPI, CONTÁBIL, CIAP, PIS, COFINS) e NOTA FISCAL ELETRÔNICA estão levando as empresas a reverem seus conceitos sobre o tratamento das informações fiscais e o relacionamento com o Fisco.
> Trata-se de uma transformação empresarial sem precedentes no Brasil em que até mesmo as pequenas, médias e micro empresas estão incluídas e terão de adotar novos padrões de gestão e possuir tecnologia tão eficientes quanto os das grandes empresas.

---

[1] *Sped no escritório contábil*. São Paulo: OnixJur, 2011.

Este será, sem sombra de dúvidas, um dos maiores desafios: integrar a cadeia produtiva tecnologicamente, de forma que a geração, distribuição e transmissão da informação ao cliente, o transportador, o recebimento do arquivo do fornecedor e a guarda do documento eletrônico por cinco anos, no mínimo, não sofram danos de qualquer espécie.

O que se torna um grande desafio é a constatação, por uma significativa parcela das empresas, de que estão despreparadas para a geração correta das informações seja por inadequação dos seus processos e/ou sistemas, seja por deficiência da mão de obra.

Essas palavras continuam válidas, mas não é só isso: de lá pra cá, o controle do fisco aumentou ainda mais, novas obrigações foram criadas e algumas aperfeiçoadas. O fisco hoje enxerga praticamente tudo que acontece fiscalmente na empresa desde a compra de mercadorias, matérias-primas, prestação de serviço, folha de pagamento, cartão de crédito, inventário e, agora, a área de produção.

Para conseguir cumprir adequadamente as novas exigências, é preciso mudar, MUDANÇA é a palavra de ordem nas práticas do escritório e nas práticas do cliente.

Eu costumo contar uma história que é uma metáfora do que vivemos nos últimos anos:

> Comparativamente, o Projeto SPED é como se o governo tivesse criado uma lei obrigando todos a andarem só de helicóptero. Não existirão mais estradas, portanto todos os meios de transportes terão que voar. Diante de medida tão radical, a população dividiu-se em três grupos.
>
> No *primeiro grupo*, estão os cidadãos que já entenderam que o jeito então é todo mundo adquirir um helicóptero.
>
> Já no *segundo grupo*, estão os cidadãos mais criativos que ainda estão tentando trocar as peças do automóvel e colocar hélices na esperança de que consigam voar com esse automóvel adaptado, o que é um risco...
>
> Mas o perigo maior está nos indivíduos do *terceiro grupo*, em que está grande parte das pequenas empresas, mais resistentes à mudança, que não se preocuparam em comprar um helicóptero, nem em adaptar os seus automóveis. Eles apenas estão comprando adesivos com brilhantes

letras garrafais nos quais está escrito "**HELICÓPTERO**" e colando nos seus veículos acreditando que o carro vai voar.

Parafraseando meu amigo escritor e palestrante Roberto Dias Duarte, estamos dentro de um verdadeiro Big Brother fiscal, vigiados 24 horas por dia. É por isso que o empresário deve entender bem o que significa esse novo jeito de fiscalizar do governo para poder se precaver.

No próximo bloco, você vai saber quais são as empresas que entram nessa nova obrigação chamada Bloco K.

Bloco K: a mais nova surpresa do Kinder® Ovo

Agora, o sócio Kinder® Ovo inventou um jeito de fiscalizar as empresas eletronicamente. Nesse sistema, a empresa é obrigada a enviar informações constantemente para prestar conta das suas operações. Essas informações, enviadas por arquivos eletrônicos, são chamadas na legislação de obrigações acessórias.

Em 2007, foi criado um conjunto de obrigações acessórias dentro de um projeto chamado de Projeto Sped, sigla de Sistema Público de Escritório Digital, no qual o governo colocou vários e engenhosos brinquedinhos, e a cada ano uma nova surpresa vai surgindo para o empresário.

Desde a implantação do Projeto Sped em 2007, temos assistido a um espetacular aumento no volume e no detalhamento das informações entregues ao governo por meio das obrigações acessórias. Sped Fiscal, Sped Contribuições, Sped Contábil, Nota Fiscal Eletrônica, Conhecimento de Transporte Eletrônico, Inventário, e-Social, Reinf etc. Esse conjunto de obrigações criado nestes últimos doze anos mostra ao fisco, em detalhes, a movimentação de produtos dentro da empresa.

Na obrigação denominada Sped Fiscal, as informações são divididas em blocos e um deles trata das informações relativas ao inventário no qual a empresa, ao final de cada ano, ou a cada encerramento de balanço, deve informar o estoque de mercadorias existentes de sua propriedade ou de terceiros em seu poder. Essa informação do inventário é apresentada ao fisco no Bloco H.

Até aí, o governo já dispunha de toda a movimentação de entradas e saídas, produto a produto, item a item, e no final do ano ainda recebia o inventário detalhado por item também, ou seja, um grande controle das operações. Mas para que o plano do governo pudesse ser considerado perfeito, ainda faltava um detalhe: conhecer o consumo de matérias-primas utilizadas na fabricação de cada produto. Pois essa é a lacuna que está sendo suprida com a implantação do Bloco K.

O Bloco K é o "elo perdido", a peça que faltava para o governo ter um controle absoluto das operações da empresa. Antes da criação do Sped, o governo até que tentou obter essas informações com a criação do Livro Registro de Controle da Produção e do Estoque – Modelo 3, entretanto, o fato de ser um livro de difícil escrituração e diminuta fiscalização fez com que, ao longo dos anos, a maioria das indústrias não o escriturasse.

Várias legislações fazem referência ao Livro Modelo 3, que está definido no Ajuste Sinief s/n. de 1970 em seu art. 72. Cada estado em seu regulamento do ICMS traz a exigência do livro, e posso citar como exemplo o estado de São Paulo, que trata desse assunto em seu regulamento no art. 216.

No Regulamento do IPI (RIPI), temos a exigência no art. 444 e no art. 461. No Regulamento do Imposto de Renda (RIR), temos também uma abordagem desse assunto no art. 301 do Decreto n. 9.580/18.

Fazendo uso dos recursos da modernidade, o governo passou a exigir as informações do antigo Livro Modelo 3 no formato eletrônico dentro da obrigação denominada Escrituração Fiscal Digital do Imposto sobre Circulação de Mercadorias e Serviços/ Imposto sobre Produtos Industrializados (EFD ICMS/IPI), identificando essa nova obrigatoriedade com o nome de Bloco K. Ou seja, o Bloco K é a digitalização do Livro Modelo 3. Os registros visam identificar e controlar as movimentações (entradas/saídas/perdas) de insumos e produtos, em um determinado período no processo produtivo das empresas, bem como seus saldos em estoque.

Em janeiro de 2019, ficou determinada a **entrega do Bloco K** para a maioria das empresas, isto é, aquelas com faturamento abaixo de 78 milhões de reais. Dois grupos de empresas já estavam sujeitos a essa entrega em duas fases anteriores: empresas com faturamento acima de 300 milhões de reais que já entregam desde janeiro de 2017; e empresas com faturamento acima de 78 milhões de reais que já estão entregando desde janeiro de 2018.

Com a publicação do Ajuste SINIEF nº 01/2016 (DOU de 15.01.2016), o fisco alterou o cronograma de obrigatoriedade do Bloco K e os estabelecimentos obrigados. Oficialmente, a escrituração do Livro de Registro de Controle da Produção e do Estoque (Bloco K) será obrigatória na EFD a partir das seguintes datas [grifos meus]:

I – para os estabelecimentos industriais pertencentes a empresa com faturamento anual igual ou superior a R$ 300.000.000,00:

a) 1º de janeiro de 2017, restrita à informação dos saldos de estoques escriturados nos Registros K200 e K280, para os estabelecimentos industriais classificados nas divisões 10 a 32 da Classificação Nacional de Atividades Econômicas (CNAE);

b) 1º de janeiro de 2019, correspondente à escrituração completa do Bloco K, para os estabelecimentos industriais classificados nas divisões 11, 12 e nos grupos 291, 292 e 293 da CNAE. Quem perdeu esse prazo poderá regularizar e reagendar a solicitação da opção pelo Simples Nacional até 31/01/2019, no Portal do Simples Nacional, produzindo efeitos a partir do primeiro dia do ano calendário;

c) 1º de janeiro de 2020, correspondente à escrituração completa do Bloco K, para os estabelecimentos industriais classificados nas divisões 27 e 30 da CNAE;

d) 1º de janeiro de 2021, correspondente à escrituração completa do Bloco K, para os estabelecimentos industriais classificados na divisão 23 e nos grupos 294 e 295 da CNAE;

e) 1º de janeiro de 2022, correspondente à escrituração completa do Bloco K, para os estabelecimentos industriais classificados nas divisões 10, 13, 14, 15, 16, 17, 18, 19, 20, 21, 22, 24, 25, 26, 28, 31 e 32 da CNAE.

II – o inciso II:

II – 1º de janeiro de 2018, restrita à informação dos saldos de estoques escriturados nos Registros K200 e K280, para os estabelecimentos industriais classificados nas divisões 10 a 32 da CNAE pertencentes a empresa com faturamento anual igual ou superior a R$ 78.000.000,00, com escrituração completa conforme escalonamento a ser definido;

III – 1º de janeiro de 2019, restrita à informação dos saldos de estoques escriturados nos Registros K200 e K280, para os demais estabelecimentos industriais classificados nas divisões 10 a 32; os estabelecimentos atacadistas classificados nos grupos 462 a 469 da CNAE e os estabelecimentos equiparados a industrial, com escrituração completa conforme escalonamento a ser definido.

Obs. 1: OBRIGATORIEDADE DO LIVRO REGISTRO DE CONTROLE DA PRODUÇÃO E DO ESTOQUE – LIVRO MODELO 3

Somente a escrituração completa do Bloco K na EFD desobriga a escrituração do Livro modelo 3, conforme previsto no Convênio S/Nº, de 15 de dezembro de 1970 (§ 10 à cláusula terceira do Ajuste SINIEF 02/09).

Considerando que, na primeira etapa de entrega do Bloco K, o fisco não exigiu que fossem entregues todos os registros do bloco, mas tão somente o K200 e o K280, manteve-se a exigência de escrituração do livro Modelo 3, que só será extinto das empresas sujeitas à entrega do Bloco K completo.

Obs. 2: DATA DA ENTREGA – DEPENDE DA LEGISLAÇÃO ESTADUAL

O prazo de entrega da EFD-ICMS/IPI pode variar de estado para estado, sendo as datas mais comuns os dias 10, 15, 20 e 25; em São Paulo, por exemplo, a entrega é no dia 20 do mês seguinte, conforme art. 10 da Portaria CAT 147/2009.

Você deve consultar a legislação interna do seu estado para confirmar a data de envio da EFD ICMS/IPI e, consequentemente, do Bloco K dentro da EFD.

Obs. 3: CONCEITO DE ESTABELECIMENTO INDUSTRIAL PARA O BLOCO K

Para fins do Bloco K, estabelecimento industrial é aquele que possui quaisquer dos processos que caracterizam uma industrialização, segundo a legislação de ICMS e de IPI (Regulamento do IPI – Decreto nº 7.212/2010, art. 4º), e cujos produtos resultantes sejam tributados pelo ICMS ou IPI, mesmo que de alíquota zero ou isento.

Obs. 4: CONCEITO DE FATURAMENTO ANUAL

Faturamento é a receita bruta de venda de mercadorias de todos os estabelecimentos da empresa no território nacional, industriais ou não, excluídas as vendas canceladas, as devoluções de vendas e os descontos incondicionais concedidos;

Obs. 5: EXERCÍCIO DE REFERÊNCIA DE FATURAMENTO ANUAL

O exercício de referência do faturamento deverá ser o segundo exercício anterior ao início de vigência da obrigação (ou seja, o faturamento do segundo ano anterior ao de início da obrigatoriedade do Bloco K).

Quem é o responsável pelos Blocos K e H?

No relacionamento escritório-cliente, ainda existem dúvidas em alguns casos sobre quem é o responsável pelos Blocos K e H. Cabe salientar que, perante o fisco, a responsabilidade pelo cumprimento da obrigação acessória é sempre da pessoa jurídica contribuinte, ou seja, do cliente. Mas cabe também uma explicação que costumo utilizar nos meus cursos e em outras publicações já que se trata de um entendimento que se aplica a diversas situações.

Desde o surgimento do Projeto Sped, há um conflito entre empresário e contador no sentido de se estabelecer quem, na verdade, é o responsável pelo cumprimento da obrigação. Entre eles, existe ainda a figura do sistema de informática, que é onde os dados são gerados. Diante desse quadro, entendo que a responsabilidade é conjunta, cada qual com a sua parcela.

- **Empresa**: perante o fisco, ela é a responsável pela entrega do Sped e poderá ser punida com multas e sanções fiscais caso houver incorreção das informações. Deverá intermediar o diálogo entre fornecedor do sistema e contador. A empresa deverá, em seu ambiente, realizar os lançamentos e controlar os estoques enviando as informações ao contador.
- **Fornecedor do sistema**: é quem detém as informações das operações de compra, venda, estoque e financeiro da empre-

sa, por isso é detentor de inúmeros dados necessários ao Sped. Espera-se que o sistema da empresa exporte essas informações para o sistema fiscal da contabilidade. Nesse caso, é necessário que o sistema da empresa esteja em consonância com o layout do Sped para poder ser recepcionado pelo sistema da contabilidade.

- **Contador:** pelo grande volume de informações necessárias para gerar o Sped, é inviável a digitação dos dados fornecidos pelas empresas, por isso o contador precisa do apoio do sistema de informática da empresa. É a partir da exportação dos dados do sistema da empresa para o sistema da contabilidade que o contador poderá trabalhar os dados para geração do Sped. É importante que o empresário saiba que após a inserção dos dados no sistema da contabilidade há um minucioso trabalho de análise a ser realizado, olhando item a item os dados importados e promovendo os devidos ajustes. Além disso, há que se levar em conta o cruzamento das informações enviadas em cada um dos programas do Sped o que exige um conhecimento técnico profundo e pessoal especializado para essa tarefa.

Preparação e envio dos Blocos K e H

Em face do exposto, minha opinião é de que a preparação dos Blocos K e H é responsabilidade do empresário, que, por sua vez, deverá cobrar de seu fornecedor que o sistema esteja habilitado a gerar as informações no layout (formato) exigido pelo governo. Além disso, cabe ao empresário também a organização do ambiente interno para que haja um fluxo ordenado de alimentação das informações no sistema. Deve treinar os funcionários em relação ao uso do sistema. Deve estabelecer processos internos relativos ao modo de produção, movimentação e guarda de materiais. Em resumo, precisa manter a casa arrumada.

Após o cliente gerar e enviar o arquivo para a contabilidade, entra em cena o contador, que deverá estar, também, com seu sistema e seu pessoal, preparado para receber e validar o arquivo para envio dentro do Sped Fiscal.

Método Estoque Parceria 4C: a solução

Estoque Parceria 4C é um método que desenvolvi para auxiliar na conscientização do cliente. Até o final deste nosso papo, você vai entender direitinho o que é o método 4C. Nestes muitos anos de treinamentos, consultorias e palestras, tenho mantido um convívio constante com escritórios e clientes e vejo o quão difícil é fazer o cliente entender e se adequar à legislação. Vejo contabilistas de mãos atadas sem nem saber mais o que fazer para que o cliente mande as informações corretas.

Buscando uma forma de ajudar os clientes e os contadores, desenvolvi o Método Parceria 4C: os quatro pilares para a entrega do Bloco K!

Fiz uma brincadeira com a letra C para que a ideia possa ser bem assimilada e que possa ser facilmente lembrada por meio destes quatro pontos principais: contador, cliente, computador e casa. Vamos ver então o que recomenda o Método Estoque Parceria 4C.

Método Estoque Parceria 4C

O **contador**, assim como sua equipe, deve conhecer profundamente o Sped Fiscal e:
- promover uma palestra explicando ao **cliente** os Blocos K e H e o risco de multas ao não entregar todas as informações solicitadas;

- avaliar a adequação do sistema no **computador** do cliente e a compatibilidade com o sistema do escritório;
- orientar o cliente na organização dos processos internos e no treinamento dos funcionários da **casa**.

Detalhamento dos 4 pilares

Contador

O contador e sua equipe devem ter pleno domínio dos Blocos 0, C, D, H e K. Devem saber qual o relacionamento entre os blocos e como o governo vai enxergar e cruzar essas informações. Entender as características e conhecer as dificuldades de cada cliente também é importante.

O Sped Fiscal é um arquivo bastante complexo que permite ao governo uma série de cruzamentos com o inventário (Bloco H), com o Sped Contábil (ECD, ECF) com a folha de pagamento (e-Social).

Além disso, é necessário olhar a questão dos códigos de produto e a finalidade de utilização de cada item no cadastro. Temos ainda a questão do controle das perdas que precisa ser avaliada. A regra (de conhecer bem o Sped Fiscal) vale para o contador, para o dirigente de escritório contábil, para o funcionário e para quem deseja se tornar um consultor.

Cliente

O contador deve realizar uma palestra aos clientes sobre os Blocos K e H, a interação entre eles e o risco de multas em caso de divergências. É muito comum encontrar clientes que não entenderam a dimensão dessas obrigações.

A realização de um inventário físico exige cuidados, regras, controles, supervisão e recontagem; são ações que nem sempre os clientes foram orientados sobre como proceder. (No Passo 3, do Módulo 2, eu discorro um pouco mais sobre inventário.)

Imagine a situação em que alguém liga para o cliente e diz que ele tem de mandar o inventário de 31 de dezembro. Não adianta enviar e-mail, circular ou jornalzinho. O cliente não lê (e, quando lê, não entende e não pergunta). É necessário ir até o cliente e explicar pessoalmente. A estratégia que mais tem sido adotada é a promoção de palestras explicativas. Quando realizo esse trabalho, faço questão de transportar o assunto para a língua do cliente, levando o tema para o mundo do pequeno empresário, falando na linguagem dele para ele entender. O contador precisa entrar no universo do cliente.

Computador

Neste pilar, vamos analisar como estão os sistemas em que as informações serão geradas e enviadas. É necessário promover a adequação dos sistemas do cliente e do escritório, integrando os dois. Há situações em que o cliente possui um sistema, mas este não está apto a gerar os Blocos K e H, portanto deverá ser adaptado ou substituído. Em muitos casos, há clientes que nem sistema possuem e isso precisa ser solucionado. Não dá nem para pensar em fazer o Bloco K no Excel!

Quando os dois, contador e cliente, já estão cientes da complexidade dos Blocos K e H, é hora de "afiar o machado", ou seja, preparar as ferramentas necessárias para fazer Bloco K, que significa ter um sistema que esteja no formato do layout do Sped Fiscal.

O sistema do cliente utilizado para controlar a produção e o estoque precisa ser capaz de gerar o arquivo digital do Sped com o Bloco K e H inserido nele, assim como o sistema do escritório precisa estar adequado a recepcionar esse arquivo vindo do cliente. Analisar e testar a validação do arquivo do cliente no sistema do escritório é importante. Ainda temos muitos blocos sendo gerados a partir de planilhas feitas pelo cliente e enviadas para o escritório. Nas minhas aulas e nas redes sociais, frequentemente sou abordado por profissionais da área fiscal solicitando modelos de planilha em

Excel para passar para o cliente. Entendo que essa é apenas uma ação protelatória que faz com que o cliente não se regularize. Futuramente, quando tivermos a exigência de todos os registros do Bloco K, talvez venhamos a nos arrepender dessas soluções do tipo "puxadinho" que estamos usando atualmente.

Lembre-se da frase: "Quando se trata de Bloco K, planilha de Excel nem pensar!".

Casa

Para que os nossos 3Cs alcancem um resultado positivo é preciso que o quarto C, a casa, também esteja em ordem. Imagine comigo: uma pessoa que necessita de uma cirurgia precisará de um cirurgião capaz, de um anestesista competente e de um bisturi afiado. Mas se o centro cirúrgico estiver sujo e bagunçado, isso poderá ocasionar uma infecção ao paciente podendo levá-lo à morte. O ambiente, a casa, precisa estar em ordem também.

Nos Blocos K e H, é a mesma coisa, o ambiente dentro da empresa tem de ser preparado. Primeiramente, o contador precisa conhecer e entender o negócio do cliente. Após isso, precisa oferecer sugestões de sistemas e profissionais da área de processos industriais. Os funcionários do cliente também precisam ser treinados; devem ser orientados sobre perdas, cadastro, industrialização em terceiros.

Além de ter os computadores em ordem, outros cuidados são necessários: a casa precisa estar organizada. Vejo casos em que a organização do ambiente de produção do cliente é precária ou inexistente. Isso somado ao fato de os funcionários estarem também despreparados para realizar os controles e a alimentação do sistema que vai gerar o Bloco K ou o H.

Nas consultorias que tenho realizado, me deparo com várias empresas que possuem duas, três ou quatro filiais em um mesmo ambiente e com um estoque todo misturado. Como apresentar essa informação individualizada nos blocos? É preciso definir na fábrica quem vai alimentar o sistema, quem vai cuidar das perdas, quem ficará responsável pelo cadastro e como e quando as informações serão remetidas ao escritório. Nos casos de industrialização em terceiros, cuidados adicionais serão necessários, por exemplo, como as informações serão recebidas do industrializador, quando ele vai mandar, em que formato vai enviar. É importante lembrar-se dos cruzamentos e das multas se não cumprir corretamente a obrigação.

O relacionamento com o cliente é importante. Num dia desses, estava conversando com um empresário que me disse que o contador dele nunca foi na sua empresa, entretanto a advogada dele passa no escritório todos os meses, às vezes, só para tomar um café e ver se está tudo bem. Numa dessas visitas, a advogada propôs uma alteração no contrato para incluir mais ações, aumentando o honorário de 2.300 reais para 3.000 reais, e ele aceitou sem reclamar. Isso é relacionamento. Mas ele disse que, se o contador propuser algum aumento, ele não aceita. Isso nos mostra como é importante entender, estar próximo e ajudar o cliente.

Conclusão

Tenho certeza que, após a colocação desse método em prática, poderá ocorrer uma significativa melhora na relação cliente-escritório, além de dar mais segurança na qualidade das informações enviadas.

Em meus programas de formação no Sped Fiscal[2] faço uma abordagem detalhada desses quatro pilares através da aplicação de dez passos orientando contador e cliente a aplicar essa metodologia. Mais à frente, neste livro, vamos conhecer um pouco mais os dez passos assimilando ainda mais o Método Estoque Parceria 4C buscando segurança no envio da informação para evitar multas e dormir em paz.

---

[2] Para mais informações, acesse o site www.tributarioexpert.com.br.

Módulo 2

Detalhamento dos pontos importantes do Método Estoque Parceria 4C

Acredito sinceramente que o Método Estoque Parceria 4C pode ser uma ferramenta de grande utilidade para fazer com que o cliente consiga apresentar os Blocos K e H com informações corretas, seguras e confiáveis.

No tópico anterior, apresentei o Método Estoque Parceria 4C com seus quatro pilares fundamentais:

- **Contador**;
- **Cliente**;
- **Computador**;
- **Casa**;

Nesta segunda parte do livro, quero trazer o detalhamento das informações necessárias para você aplicar o método e mudar a sua vida, a de seus funcionários e a de seus clientes. Quero mostrar minhas orientações a partir dos dez passos e outras informações e aspectos legais pertinentes ao bom andamento do Sped Fiscal e de seus blocos.

Passo 1:
encontro coletivo com os clientes

Quero, neste tópico, me dirigir principalmente aos escritórios de contabilidade para falar um pouco mais sobre o Bloco K. Há muito a ser falado sobre essa obrigação, mas quero desenvolver alguns itens que tratam da maior dificuldade para os escritórios de contabilidade, que é a conscientização dos clientes acerca da sua importância.

No trabalho de consultoria que desenvolvo com alguns escritórios de contabilidade, a reclamação mais frequente que recebo é a falta de informações dos clientes quando se fala de controle de produção e inventário. Muitos pequenos empresários, e às vezes os grandes também, não se dão conta da necessidade de controlar seus estoques de forma permanente e rigorosa. Para isso, nos dias atuais, é indispensável a adoção de um sistema de controle interno que tenha como uma de suas funções o controle dos estoques. Essa necessidade se faz presente não apenas pela obrigatoriedade de envio das informações ao fisco, mas principalmente como ferramenta gerencial para administração da empresa.

Hoje, dentro dessa obrigação denominada Sped Fiscal, a empresa que possui inscrição estadual é obrigada a enviar ao fisco o inventário (Bloco H), no mínimo, uma vez por ano. Em alguns estados, os contribuintes do ICMS no regime do Simples Nacional também já são obrigados ao envio do Sped e, consequentemente, do inventário.

De um modo geral, estamos aqui tratando de dificuldades com o controle do estoque, mas é importante deixar claro que inventário é uma coisa, e Bloco K é outra. O objetivo é alertar você, contador de um escritório contábil, quanto à necessidade urgente de conscientizar o cliente de forma radical e definitiva para que ele entenda, de uma vez por todas, a importância de controlar seus estoques.

Se já é difícil obter a informação correta para o inventário anualmente, imagine só receber as informações para o Bloco K mensalmente. Dá vontade de sair correndo e vender coco na praia, não é mesmo? Mas como vender coco na praia também não é um mar de rosas, o melhor é buscar conscientizar os clientes para que adotem os devidos controles em suas atividades.

Existem muitas formas de levar a informação ao cliente para que ele entenda a sua própria responsabilidade em possuir um sistema e adote os procedimentos para atender ao que o fisco exige. Minha experiência tem mostrado que enviar e-mails, correspondências, mensagens eletrônicas (SMS, WhatsApp) não funciona. O cliente não lê. E quando lê não entende e não pergunta. A melhor forma é conversar pessoalmente explicando detalhadamente e sanando as dúvidas.

Há situações em que, devido ao volume de clientes, torna-se inviável ao contador visitar cada um deles, tem sido adotada a estratégia de realização de palestras para as quais são convidados todos os clientes envolvidos no assunto fazendo assim a conscientização em grupo. Eu mesmo tenho realizado semanalmente palestras com esse foco e constatado que o resultado tem sido bastante positivo. Os clientes se assustam em um primeiro momento, mas depois eu vou detalhando e mostrando a eles que, utilizando um sistema adequado e orientando os funcionários, o quadro fica menos desesperador.

A palestra é apenas um primeiro passo (Passo 1) para o cliente saber do que se trata esse tal de Bloco K. Muitas outras ações, que pretendo relatar nos próximos textos, devem ser seguidas depois da palestra.

Tenho sugerido, inclusive, que se crie uma declaração de participação como um instrumento de obter o comprometimento do cliente com o Bloco K e o inventário. E lembre-se: não adianta exigir do cliente aquilo que ele não conhece.

Como sugestão, confira na página seguinte um modelo de declaração de participação que tenho adotado nas minhas palestras do Bloco K.

EMPRESA: (NOME DA EMPRESA)
PALESTRA
BLOCO K – CONTROLE DO ESTOQUE
BLOCO H – INVENTÁRIO
DECLARAÇÃO DE PARTICIPAÇÃO

Declaro ter participado da palestra, realizada em ___/___/_____,
"BLOCO K e BLOCO H: Escrituração do Livro de Controle da Produção e do Estoque e Inventário no SPED Fiscal".

Na ocasião, foram transmitidas informações sobre:
- *Orientação sobre os procedimentos a serem adotados para gerar as informações necessárias à escrituração dos registros dos Blocos K e H, que deverão ser validados através do PVA (Programa validador).*
- *Controle permanente do estoque por parte da empresa.*
- *Importância da correta codificação e classificação da destinação do produto.*
- *Ficha técnica revelando a verdadeira composição do produto.*
- *Análise e informações de perdas.*
- *Correlação do Bloco H com o Bloco K (estoque físico).*
- *Legislação, obrigatoriedade, periodicidade e penalidade.*
- *Industrialização em terceiros.*
- *Possíveis cruzamentos da Receita Federal (ficha técnica do produto versus consumo efetivo, diferença do estoque).*
- *A geração do bloco K é de responsabilidade da empresa e a importação no PVA e seu envio é de responsabilidade do escritório.*
- *O PVA não audita o arquivo.*

Participante: _____

Cargo: _____

Assinatura: _____

Passo 2:
reunião individual com cada cliente

Ainda conversando com meus amigos dos escritórios de contabilidade, neste Passo 2, quero trazer mais algumas reflexões sobre a preparação do cliente. O Bloco K, assim como o Sped de modo geral, exige de todos nós uma mudança de paradigma, uma mudança de cultura, um novo olhar sobre os aspectos tributários da empresa e seu relacionamento com o fisco.

No Passo 1, falei sobre a necessidade de fazer uma palestra aos clientes explicando o que são os Blocos K e H. A palestra seria o primeiro impacto para o cliente começar a perceber o que é essa nova obrigação. Mas esse é apenas o Passo 1, que precisa ser seguido de outras ações, caso contrário, o impacto e o susto da palestra passam e o cliente volta à sua rotina normal.

Minha recomendação neste Passo 2 é que seja destacado um colaborador com um bom conhecimento do Sped Fiscal e da atividade do cliente para conversar individualmente esclarecendo dúvidas oriundas da palestra assistida pelo cliente. A ideia desse contato é conduzir o cliente nos primeiros passos da preparação para geração da nova informação. Ao assistir à palestra, ocorre a compreensão de que o fisco vai exigir muitas novas informações que antes eles não estavam acostumados a enviar.

Mas, frequentemente, o cliente sai da palestra e volta para a empresa sem saber por onde começar, o que fazer primeiro e qual será o tamanho da dificuldade na prática. Sem saber por onde começar, o susto vai passando, ele vai entrando na rotina novamente e em poucas semanas o assunto Bloco K, Bloco H, Sped estará esquecido.

Por isso, penso que uma ação junto aos clientes é fundamental para que realmente haja a tal da mudança de cultura de que tanto se fala. Essa mudança de cultura não ocorre na palestra, ela tem de acontecer no dia a dia, traduzida em novas ações práticas.

Vejamos alguns pontos importantes para conversar com o cliente:

- Se não possui sistema de controle de estoque e produção, deve providenciar com urgência, pois não há outra forma segura de gerar essa informação.
- Se já possui sistema, o cliente deve verificar se está adequado à geração do arquivo para atender aos Blocos K e H.
- Os produtos fabricados, internamente ou em terceiros, devem possuir ficha técnica e ser fabricados de acordo com as especificações dela.
- Os cadastros devem ser atualizados adequando a nomenclatura interna aos parâmetros definidos no Sped.
- Se faz industrialização para terceiros, deverá conversar com os clientes para definirem *como* e *quando* será feita a troca de informações mensal para ambas as partes alimentarem seus Blocos K e H.
- Se encomenda industrialização de terceiros, deverá conversar com os fornecedores para alinhar como e quando será feita a troca de informações para ambas as partes alimentarem seus Blocos K e H.
- Preparação de funcionários, principalmente os da produção e do almoxarifado, para geração das informações mensais para o Bloco K, para que entendam o funcionamento e a alimentação do sistema, bem como seguirem à risca os procedimentos internos que a empresa deverá criar.

- Deixar claro que as informações obrigatoriamente devem ser geradas no sistema da empresa, por isso deve ser estabelecido o prazo máximo para que a informação seja enviada mensalmente para o escritório.

Assim vamos, aos poucos, passo a passo, preparando os clientes para os Blocos K e H.

Passo 3:
desvendando o inventário

Nos últimos meses, nossa atenção tem sido na preparação para o Bloco K. Porém, quando chegar o final de ano, mais uma vez, vamos nos deparar com a necessidade de apresentar no balanço e no Sped os números do inventário.

Pensando no cliente do escritório contábil, será que ele realmente sabe o que significa o inventário? É bastante comum a reclamação de que os clientes não mandam o inventário no final do ano, mas não seria interessante um bate-papo para explicar melhor ao cliente o que ele significa?

Inventário: o seu significado

O levantamento de inventário é o momento em que o empresário deve apurar a quantidade real de mercadorias existentes fisicamente em seu estoque para ajustar as informações constantes em seus controles e as informações registradas na contabilidade.

O inventário é de fundamental importância para a empresa, pois é por meio dele que se tem uma posição real desse ativo tão importante. É nesse momento que, confrontando estoque físico e contábil, será possível identificar erros de lançamento, de conferência ou até mesmo roubo de produtos.

Tipos e periodicidade do inventário

Existem dois tipos de inventário: periódico e rotativo. O inventário periódico (anual ou trimestral) é feito no final de cada período contábil, tem efeito fiscal e deve contabilizar todos os itens. O inventário rotativo tem como finalidade detectar e corrigir diferenças, reduzir e eliminar possíveis perdas e é realizado em um número reduzido de itens durante o período contábil (ao longo do ano).

As empresas no lucro real deverão escriturar o Livro Registro de Inventário quando da elaboração dos seus balanços, ou seja, anual ou trimestralmente. As empresas no Lucro Presumido ou no Simples Nacional também devem fazer o inventário, pois a legislação contábil exige que as empresas, independentemente do regime, elaborem o balanço patrimonial, o que consequentemente faz com as informações pertinentes aos estoques sejam baseadas nos procedimentos do inventário físico.

Preparação para o inventário

É necessário que se tenha consciência da importância desse procedimento não apenas para fins tributários, mas principalmente para auxílio na gestão do negócio. É preciso fazer com que o cliente entenda que o procedimento é útil e válido para a empresa dele, e não para o governo apenas.

Posteriormente, é importante que se tenha um sistema adequado para essa finalidade de acordo com o tipo de negócio. Depois disso, deve-se dar atenção à criação de procedimentos internos e treinamento aos funcionários. O levantamento de estoques exige uma organização interna das mercadorias na empresa antes de se iniciar os trabalhos.

Penalidades decorrentes da não realização do inventário

O fisco federal poderá arbitrar o lucro da pessoa jurídica sujeita à tributação com base no lucro real quando esta não mantiver escrituração na forma das leis comerciais e fiscais. Talvez, para o seu cliente, o termo "arbitrar o lucro" possa não dizer muita coisa, portanto você precisa deixar claro para ele que no caso da falta de um inventário correto o fisco pode dizer qual seria o lucro daquela empresa e cobrar o imposto em cima desse valor que ele acha que seria o lucro, sempre muito maior que o valor real.

Do ponto de vista estadual, a ausência de escrituração do Livro de Inventário implica também em infração, perante a legislação do ICMS de cada estado, sujeitando as empresas às penalidades dos respectivos regulamentos.

Estoques: patrimônio da empresa

O inventário físico representa uma oportunidade de corrigir qualquer imprecisão nos registros. A partir da comparação entre os registros nos controles internos da empresa e a quantidade física efetiva, o empresário pode verificar se os controles são eficientes, mercadorias que tem maior saída, mercadorias encalhadas, gastos com armazenagem, roubo de mercadorias etc. Muitas empresas acabam sobrecarregando os custos dos seus produtos pela falta de um controle adequado dos estoques.

Inventário e Sped: informação na mão do fiscal

A legislação estabelecia que o inventário físico deveria ser registrado em um livro específico para essa finalidade, o Livro Registro de Inventário, chamado de Livro Modelo 7. Em caso de fiscalização, a empresa devia apresentar esse livro. Com o advento do Sped, essa informação passou a ser enviada no arquivo do Sped para o fisco. O fiscal não precisa mais ir até a empresa para checar o inventário, agora é a empresa que envia para o fiscal. Isso deverá forçar empresas que ainda não mantêm um controle adequado dos seus estoques a buscar uma regularização dessa situação por bem ou por mal.

Para atender à necessidade do inventário no Sped, o empresário deve fornecer ao contador uma relação dos itens em estoque seguindo o layout estabelecido na legislação do Sped. Isso significa que o sistema da empresa também deve estar em consonância com o layout do Sped para que o conteúdo do inventário possa ser importado pela contabilidade.

Inventário e Bloco K

Para encerrar esse item, nunca é demais lembrar que a pauta principal de nossas recomendações é o Bloco K, e justamente por isso trouxemos o tema do inventário para reforçar que o fisco poderá cruzar as informações existentes no Bloco K e no inventário, que dentro do Sped Fiscal estará no Bloco H. Por isso, essas informações precisam caminhar em sincronia.

Passo 4:
avaliação do sistema do cliente

Depois de termos visto nos passos anteriores a importância de conscientizar o cliente sobre o que é Bloco K e o que é inventário (Bloco H), o próximo passo é ajudar o cliente a se preparar para o cumprimento da obrigação. E um dos elementos fundamentais para isso é a existência de um sistema adequado. Neste caso, temos de fazer uma avaliação dos sistemas existentes no escritório e no cliente e como será a interligação entre eles.

Quando o assunto é Bloco K, não existe a menor possibilidade de as informações serem geradas de maneira segura e confiável sem um sistema. Para empresas que não possuem sistemas, deixo claro que obrigatoriamente deverá buscar no mercado um sistema preparado para geração dos dois blocos.

Muitos empresários ainda cultivam a ideia de que sistema de controle interno é para grandes empresas, porém eu posso assegurar que atualmente já podemos encontrar no mercado sistemas destinados a pequenas empresas com custos compatíveis com os pequenos negócios.

Considerando que a empresa já tenha um sistema nesta etapa, começa a participação dos profissionais de tecnologia da informação (TI) do cliente e do escritório, pois é o momento de identificar como as informações exigidas serão geradas pelo cliente e coletadas pelo escritório. É de se supor que muitos dos clientes e dos escritórios talvez não tenham colaboradores exclusivos da área de TI. Se assim acontecer, então esta análise deverá ser feita buscando informações junto ao fornecedor do sistema.

A primeira análise a ser feita é quais são as informações passíveis de ser geradas pelo sistema, quais campos devem ser alimentados, qual o formato das informações geradas, ou seja, se atendem ao layout do Sped Fiscal. Analisando todas as funcionalidades do sistema do cliente, deve-se depois partir para análise do sistema fiscal do escritório, verificando se o mesmo está preparado para receber as informações geradas.

Aqui, já estou partindo do pressuposto que o sistema fiscal do escritório está adequado ao layout do Sped, contudo, será necessário avaliar se o arquivo em formato .txt gerado está compatível para ser recepcionado no sistema do escritório. Para isso, será necessário realizar testes antes da data da obrigatoriedade para que, em caso negativo, sejam tomadas as devidas providências.

A definição de como a informação será gerada no cliente e como o escritório vai integrar essa informação dentro do Sped Fiscal é de grande importância, pois depende dessa decisão a definição de como o escritório vai orientar o cliente no preenchimento das informações no sistema.

Em minhas aulas, é muito comum os contadores dizerem que "essa obrigação é do cliente". Concordo, pois não é possível gerar Bloco K no escritório, mas temos de levar em consideração que muitos dos clientes não têm a menor ideia do que é e como é gerar um Sped, por isso o auxílio do escritório é imprescindível. Uma boa orientação é pensar no que devemos oferecer aos clientes.

Passo 5:
adequação de cadastro e código de item

Continuando nossos preparativos para confecção dos Blocos K e H dos clientes dos escritórios contábeis, vamos tratar neste passo do tema cadastros. Depois de analisar em etapas a adequação dos sistemas do cliente e do escritório contábil, vamos agora olhar para mais um dos pontos cruciais nesta empreitada.

Para a geração do arquivo Sped Fiscal (EFD ICMS/IPI), é necessário que sejam alimentados diversos cadastros no layout (clientes, fornecedores, unidade de medida, produtos etc). Esses cadastros se encontram no Bloco 0 do layout do Sped Fiscal. Embora sejam todos importantes, neste nosso diálogo, quero falar sobre o cadastro de produtos que no layout devem ser informados no "Registro 0200". É nesse registro que vamos informar o código do produto, a descrição, a classificação fiscal, a unidade de medida, o tipo de item etc. As informações alimentadas nesse registro vão servir de base para os lançamentos que depois serão gerados dentro dos blocos.

Dentro desse "Registro 0200", destaco em primeiro lugar o cuidado que deve ser adotado em relação ao campo "Código do item". No guia do Sped, está determinado que as informações devem ser preenchidas do ponto de vista do informante, ou seja, o contribuinte sujeito à entrega do Sped. Isso significa que quando se trata de código do item, o contribuinte deve lançar os produtos adquiridos com o código de controle interno da empresa, e não com o código de item que vem na nota fiscal (XML) de compra. No universo dos escritórios de contabilidade, isso é uma tarefa bastante complexa e difícil de ser cumprida, pois exigiria uma parametrização do sistema interno do escritório para as mesmas codificações utilizadas pelo cliente internamente.

Geralmente, o que acontece na prática é que o escritório contábil importa o XML de compra do cliente e os produtos acabam sendo registrados com os códigos de produto dos fornecedores. Mas quando o cliente faz as vendas ou envia suas movimentações internas ou o inventário, ele utiliza seu código de produto interno. Resultado: códigos de entrada e saída ficam diferentes. Esse é um tipo de inconsistência não acusada pelo validador do Sped, o PVA (programa validador e assinador), o que faz com que milhares de empresas estejam enviando seus arquivos de Sped Fiscal de forma incorreta sem saberem disso. Esse ponto deve ser ajustado com urgência antes do envio do Bloco K. Mas ressalto que, independentemente de a empresa estar sujeita ao Bloco K, essa é uma regra do Sped Fiscal como um todo, ou seja, arquivos do Sped Fiscal ou do Sped Contribuições seguem essa mesma lógica.

No próximo tópico, falaremos sobre os cuidados com o campo "Tipo de item" no preenchimento do cadastro de produto.

Passo 6:
adequação de cadastro e tipos de item

Dando sequência aos passos para auxílio dos clientes dos escritórios contábeis na preparação dos Blocos K e H, ainda dentro do tema cadastros, vamos tratar do tópico "Tipo do item". No Passo 5, em que iniciamos o assunto de cadastro, falamos sobre o "Código do item", que é o código interno de produto que a empresa dá entrada, e não o código de produto que vem do fornecedor no XML. Entendido isso, agora temos de orientar nossos clientes sobre como mostrar ao governo a destinação de cada mercadoria dentro da empresa.

Na opção "Registro 0200" (cadastro de item), o preenchimento do "Tipo do item" deve ser preenchido no "Campo 7", que nada mais é do que a identificação da finalidade do produto na empresa. Ainda que a empresa não esteja obrigada ao Bloco K, é importante lembrar que esse cadastro atende a todos os demais blocos do Sped Fiscal. A partir da identificação do "Tipo do item" é que o fisco vai entender como ocorrem as operações dentro da empresa. Nesta etapa, o desafio é compreender a linguagem do fisco e adaptá-la ao dia a dia da empresa do cliente. Esse é um ponto muito importante, pois precisamos ajudar o cliente a nos ajudar.

Cada empresa tem sua rotina, seus processos, sua cultura interna e, consequentemente, suas nomenclaturas, que geralmente são diferentes da nomenclatura adotada pelo governo. Então, é necessário entender as nomenclaturas do governo, que são apresentadas no manual de preenchimento do Sped Fiscal, também chamado de Guia Prático, que pode ser baixado gratuitamente no *site* da Receita Federal.

Percebo que é prática comum nos escritórios de contabilidade os clientes dizerem onde determinado produto vai ser utilizado, ou seja, qual é a finalidade do produto que está sendo cadastrado, seja pela compra de um produto novo ou um produto novo no processo produtivo da empresa (sucata, por exemplo).

Vamos fazer um teste? Responda às perguntas sem pesquisar (anote aí em um papel):

- O que é produto em processo?
- O que é subproduto?
- O que é produto intermediário?

O que você respondeu? Achou difícil?

Agora, faça esse mesmo teste com uma ou mais pessoas do setor fiscal. Elas responderam o mesmo que você? Provavelmente, não, cada um deve ter respondido uma coisa diferente, certo?

Agora, faça esse teste com alguns de seus clientes e veja o que significa para eles cada um desses três itens que eu mencionei. Com certeza, você terá muitas respostas diferentes para cada um dos itens.

Percebe a confusão que isso pode causar e como os cadastros dos seus clientes podem estar incorretos perante o Sped? Mas o seu cliente não sabe disso, ele provavelmente não sabe que existe um *Guia Prático do Sped Fiscal*.

É você, contador, colaborador do escritório contábil ou consultor, que tem de dizer a ele o que significa produto em processo, subproduto e produto intermediário. Você deve estar pensando: "Aí, complicou, hein?!". Sim! Complicou porque não tem como orientar o cliente se você não sabe exatamente sobre o que deve falar. Por isso, é necessário estudar sempre as regras do Sped Fiscal, pois existem várias outras situações como essa que podem passar despercebidas.

Para resumir, veja a seguir a definição dos itens dessas três perguntas que fiz. Logo em seguida, explicarei sobre o fisco.

> **Produto em processo**: é fabricado dentro da empresa, mas ainda não é o produto final e será utilizado apenas em uma fase posterior. Apesar de alguns produtos não serem cadastrados em todas as fases do processo produtivo, o produto em processo deve ser cadastrado em todas as fases e precisará de uma ficha técnica. Em muitas empresas, é chamado de produto em elaboração.
>
> **Subproduto**: é resultante do processo produtivo em que há algum aproveitamento econômico. É comumente chamado de sucata nas empresas, mas uma sucata que pode ser vendida ou reaproveitada no processo produtivo.
>
> **Produto intermediário**: é necessário ao processo produtivo, mas não se integra ao produto final. Por exemplo: lixa, rebolo, lubrificante.

Veja a definição oficial constante do *Guia prático do Sped Fiscal*:

GUIA PRÁTICO EFD ICMS/IPI – REGISTRO 0200 – CAMPO 7 – TIPO DO ITEM

Deve ser informada a destinação inicial do produto, considerando-se os conceitos:

00 – Mercadoria para revenda: produto adquirido para comercialização;

01 – Matéria-prima: a mercadoria que componha, física e/ou quimicamente, um produto em processo ou produto acabado e que não seja oriunda do processo produtivo. A mercadoria recebida para industrialização é classificada como Tipo 01, pois não decorre do processo produtivo, mesmo que no processo de produção se produza mercadoria similar classificada como Tipo 03;

03 – Produto em processo: o produto que possua as seguintes características, cumulativamente: oriundo do processo produtivo; e, predominantemente, consumido no processo produtivo. Dentre os produtos em processo está incluído o produto resultante caracterizado como retorno de produção. Um produto em processo é caracterizado como retorno de produção quando é resultante de uma fase de produção e é destinado, rotineira e exclusivamente, a uma fase de produção anterior à qual o mesmo foi gerado. No "retorno de produção", o produto retorna (é consumido) a uma fase de produção anterior à qual ele foi gerado. Isso é uma excepcionalidade, pois o normal é o produto em processo ser consumido em uma fase de produção posterior à qual ele foi gerado, e acontece, portanto, em poucos processos produtivos.

04 – Produto acabado: o produto que possua as seguintes características, cumulativamente: oriundo do processo produtivo; produto final resultante do objeto da atividade econômica do contribuinte; e pronto para ser comercializado;

05 – Subproduto: o produto que possua as seguintes características, cumulativamente: oriundo do processo produtivo e não seja objeto da produção principal do estabelecimento; tenha aproveitamento econômico; não se enquadre no conceito de produto em processo (Tipo 03) ou de produto acabado (Tipo 04);

06 – Produto intermediário: aquele que, embora não se integrando ao novo produto, for consumido no processo de industrialização. A classificação da mercadoria não se altera a cada movimentação. Exemplo: não há impedimento para que uma mercadoria classificada como produto em processo – tipo 03 seja vendida, assim como não há impedimento para que uma mercadoria classificada como produto acabado – tipo 04 seja consumida no processo produtivo para obtenção de outro produto resultante.[3]

Assim, o objetivo deste tópico é chamar a atenção para o fato de que, independentemente da definição utilizada na sua empresa ou nos clientes do escritório contábil, no cadastro do produto, devem

---

[3] *Guia prático EFD ICMS/IPI*. Disponível em: http://sped.rfb.gov.br/arquivo/show/2761. Acesso em: out. 2019.

ser consideradas as definições apresentadas pelo fisco, as quais se encontram no *Guia Prático do Sped Fiscal*.

É importante que as pessoas encarregadas do cadastro na sua empresa ou nos clientes do escritório contábil tenham pleno domínio dessas definições do governo e consigam realizar as adequações às nomenclaturas utilizadas dentro da empresa, ou seja, tenham conhecimento dos processos internos e consigam fazer o "de-para" dos produtos em estoque.

Passo 7:
adequação da ficha técnica dos produtos

Um dos requisitos para a confecção do Bloco K é a apresentação da ficha técnica do produto fabricado, também apelidada de receita do bolo, árvore do produto, *BOM* (sigla de *bill of material*), "estrutura de produtos", e representa a lista de componentes de um produto. Essa informação será prestada ao fisco por meio do "Registro 0210: Consumo Específico Padronizado", que deve ser apresentado *sempre que houver produção*, interna ou em estabelecimento de terceiros, de produto acabado ou de produto em processo. Deve ser informado o consumo necessário previsto para fabricação de uma unidade de produto.

Dispensa da apresentação

Atualmente, a legislação deixou a cargo de cada estado definir a obrigatoriedade ou a dispensa do envio desse registro. Em São Paulo (P.CAT 147/09), por exemplo, o envio está dispensado, por enquanto.

A minha visão é que, independentemente da obrigatoriedade do envio, a empresa deverá realizar no seu sistema as operações considerando o "Registro 0210" e os demais registros indicativos dos processos produtivos da empresa (K230, K235, K250, K255) para que as informações apresentadas no registro K200 (já exigido atualmente) sejam coerentes.

Quando deve constar

Sempre que a empresa apresentar a fabricação de produto acabado ou em processo – aqueles respectivamente cadastrados no "Campo 7" do "Registro 0200" como "Tipo 03 – Produto em processo" e "Tipo 04 – Produto acabado" –, deverá apresentar este "Registro 0210".

Outro ponto importante é que a unidade de medida utilizada na ficha técnica deve ser a mesma utilizada no controle de estoque.

Lista única

Nas regras do Bloco K, cada código de produto acabado ou produto em processo (semiacabado) só deverá ter uma única lista de materiais.

Insumos interdependentes

Quando existirem insumos interdependentes, em que o aumento da participação de um insumo resulta na diminuição da participação de outro ou de outros, deverá ser eleito um insumo de cada grupo interdependente para informação do total de consumo específico padrão. Nesse caso, todos os demais insumos do grupo interdependente serão considerados substitutos e deverão ser informados nos registros K235 ou K255 com a informação do insumo substituído.

Perda normal

Um ponto de grande importância é que nesse registro será indicada a perda normal percentual esperada no processo produtivo para se produzir uma unidade de produto. Perda normal é a quantidade que se perde de insumo para se obter uma unidade do produto fabricado.

Aqui, falamos daquela perda já conhecida pelo histórico de fabricação de produção, ou seja, não se trata daquela perda inesperada ocorrida ocasionalmente por descuido do funcionário, quebra de equipamentos, matéria-prima danificada, acidentes etc. Essas perdas ocasionais deverão ser apontadas e tratadas fiscalmente com a emissão de nota fiscal de perda para aqueles estados que assim exigem.

Exemplo de perda normal

Vamos supor que para fabricar o produto Arca da Aliança (código AL500), há um consumo de 10 kg de bronze (código B005), com a perda de 2 kg dessa matéria-prima. Portanto, vemos que a perda normal do "Insumo B005" é de 2 kg e a perda normal percentual, 20%. Teríamos então as seguintes informações relacionadas ao consumo do "Insumo B005":

- quantidade teórica: 8 kg;
- quantidade de perda normal: 2 kg;
- quantidade necessária padrão: 10 kg;
- perda normal percentual: 20% (2 kg de um total de 10 kg);

Neste caso, o "Registro 0210" ficaria da seguinte forma:
- COD_ITEM_COMP = B005
- QTD_COMP = 10 kg
- PERDA = 20%

Conforme tratei anteriormente, meu entendimento é de que para essas perdas normais do processo produtivo não será necessária a emissão de nota fiscal.

Quadro 1 – Campos do "Registro 0210"

CAMPO	DESCRIÇÃO DO CAMPO	OBSERVAÇÕES IMPORTANTES
REG	0210	Informação padrão do sistema
COD_ITEM_COMP	Código do item componente/insumo	1) Tipo de produto = 00 (Mercadoria para revenda), 01 (Matéria-prima), 02 (Embalagem), 03 (Produto em processo), 04 (Produto acabado), 05 (Subproduto) ou 10 (Outros insumos). 2) Deve existir no "Registro 0200". 3) O código do produto no "Registro 0210" deve ser diferente do código do produto no "Registro 0200". 4) O código do produto pai no "Registro 0200" deve ter o tipo de produto 03 (Produto em processo) ou 04 (Produto acabado).
QTD_COMP	Quantidade do item componente/insumo para produzir uma unidade do item composto/resultante	1) Deve ser preenchido tendo como base a quantidade bruta de insumo a ser consumida por unidade do item composto, considerando-se apenas a perda normal do processo industrial. 2) Caso existam variáveis no processo produtivo que possam influenciar no consumo específico, o consumo específico padronizado será médio. 3) A quantidade deve ser maior que zero.
PERDA	Perda/quebra normal percentual do insumo/componente para se produzir uma unidade do item composto/resultante	1) Preencher com a perda ou quebra normal percentual refere-se à parte do insumo que não se transformou em produto resultante. 2) Caso existam variáveis no processo produtivo que possam influenciar na perda, deverá ser informada neste registro a perda média. 3) Não se incluem neste campo fatos como inundações, perecimento por expiração de validade, deterioração e quaisquer situações que impliquem a diminuição da quantidade em estoque sem relação com o processo produtivo do contribuinte.

Passo 8:
tratamento da industrialização por encomenda

Um dos aspectos que requerem maior atenção na realização dos Blocos K e H é o registro das operações realizadas por encomenda, tanto do ponto de vista do encomendante (aquele que mandou fazer a industrialização) como do ponto de vista do industrializador (aquele que vai efetuar o serviço).

Ponto de vista do encomendante

A empresa que envia seus materiais para serem industrializados em estabelecimento de terceiros deverá demonstrar essas operações no Bloco K. Dentro do layout, essas informações deverão ser apostas nos registros K250 e K255, nos quais serão informados os produtos fabricados ou beneficiados e os insumos enviados e utilizados pelo industrializador na execução do trabalho. E, quando fizer o balanço, também deverá informar no inventário no registro H010.

Desse modo, conforme o tipo de trabalho a ser executado e conforme os insumos enviados, penso que deverá haver uma comunicação detalhada entre as partes para que o produto seja fabricado de acordo com uma ficha técnica cadastrada lá no "Bloco 0", no "Registro 0210".

Em um dos escritórios contábeis para o qual presto consultoria, alguns funcionários me perguntaram o seguinte: "O que o industrializador é obrigado a colocar na nota fiscal para que o nosso cliente preencha a informação no Bloco K?". Respondi a eles que, na verdade, a lei não estabelece nenhuma obrigatoriedade de informações na nota fiscal. As informações fiscais que o industrializador precisa colocar na nota fiscal não tem como objetivo o preenchimento do Bloco K. O layout do arquivo exigirá informações que não precisam constar na nota fiscal, como a quantidade de cada matéria recebida e utilizada pelo industrializador, eventual substituição de uma matéria-prima constante na ficha técnica ou o estoque de insumos do encomendante em poder do industrializador. Esses detalhes que não cabem em uma nota fiscal.

Esses mesmos cuidados valem também quando pensamos no Bloco H, que, ao ser informado, vai exigir também a indicação das mercadorias do contribuinte, item a item, que estejam em poder de terceiros, isto é, do industrializador. Assim, é necessário que as duas partes conversem para definir de que modo essas informações serão repassadas.

Por fim, lembro ainda que o encomendante deve adotar controles seguros que lhe permitam determinar mensalmente o estoque de materiais em poder do industrializador.

Ponto de vista do industrializador

Eu também atendo escritórios que possuem clientes que são industrializadores, e eles sempre me perguntam qual deve ser a preocupação dessas empresas. O industrializador deverá realizar sua produção levando em conta especificações técnicas definidas pelos seus clientes, ou seja, devem seguir uma ficha técnica indicada pelo encomendante.

Nos casos em que as matérias-primas foram enviadas pelo encomendante, deverão possuir um controle que permita saber quanto foi utilizado de cada matéria-prima em cada remessa de retorno da industrialização. Deverão também registrar eventuais substituições de matéria-prima constante da ficha técnica para que o encomendante registre essa informação no seu K255.

Enquanto o encomendante informará a industrialização em terceiros nos registros K250 e K255, o industrializador registrará as mesmas operações no seu Bloco K nos registros K230 e K235. E, quando fizer o balanço, ambos deverão informar no inventário no registro H010.

O industrializador deverá também informar no seu Bloco K, no "Registro K200", o estoque de materiais do encomendante que estiver ainda em seu estabelecimento. Perceba que o encomendante e o industrializador informam dados quase que de forma espelhada em K230, K235, K250, K255, K200 e H010. O grande desafio para os escritórios de contabilidade será fazer com que seus clientes disponibilizem essas informações no começo do mês para envio do Bloco K.

Novamente, é importante lembrar que esses mesmos cuidados valem também quando pensamos no Bloco H, que, ao ser informado, vai exigir a indicação item a item das mercadorias de terceiros (do encomendante) que estejam em poder do contribuinte declarante.

Mais uma vez, repito: um bom sistema, controles internos e conscientização dos clientes são fundamentais nesse cenário.

Passo 9:
organização dos processos da empresa

Nos passos anteriores, discorri sobre diversos pontos importantes na geração dos Blocos K e H, por exemplo: como entender profundamente o que eles são, como explicar detalhadamente ao cliente, como preparar sistemas, como cuidar dos cadastros etc. Agora, quero falar sobre a importância da preparação dos funcionários que trabalham na empresa do cliente do escritório contábil.

Depois de fazer o cliente entender o que são os Blocos K e H, adquirir ou preparar seu sistema e organizar cadastros, temos de direcionar o foco nos verdadeiros protagonistas dos dois blocos: os funcionários da produção. As pessoas que atuam na área produtiva da empresa serão os alimentadores das informações no sistema que vai originar os Blocos K e H.

Tempos atrás, em uma palestra sobre o Bloco K que realizei na Fiesp em São Paulo, um empresário presente me confidenciou a dificuldade de implantação do bloco justamente pela questão da adesão das equipes de produção aos novos processos criados. Ele me contou também sobre a suspeita da existência de um boicote de alguns funcionários aos novos processos. É comum que haja resistência de funcionários quando novos processos de controle são criados, a maioria de nós na verdade é resistente às mudanças porque elas nos trazem um desconforto inicial, mas depois conseguimos perceber que a mudança vem para o melhor.

Vamos lembrar que o principal alimentador do Bloco K são as ordens de produção (OP). Cada produto será fabricado com base em uma ficha técnica definida pela engenharia ou por outro departamento correlato. Os materiais necessários para a produção são requisitados ao almoxarifado. No decorrer do processo produtivo, há a necessidade de apontar eventuais perdas ocorridas no andamento da produção.

É preciso que sejam criados processos estabelecendo os caminhos, os passos, cada uma das etapas desde o cadastro dos produtos, a emissão do pedido de compra, passando pela produção, pela estocagem, pela emissão da nota fiscal, pelo faturamento e pela expedição da mercadoria para o cliente. Além disso, ainda deve-se criar procedimentos para devoluções de mercadorias ou necessidade de reprocessamento de produtos. É preciso que os funcionários envolvidos em todas essas etapas saibam como inserir e manipular todos esses dados dentro do sistema da empresa. Muitas vezes, além de um treinamento para os procedimentos internos, faz-se necessário também um treinamento para operar o sistema e um treinamento de regras tributárias básicas.

Uma das vertentes do meu trabalho é levar orientação tributária para quem não é da área, ou seja, diretores, gerentes, caixas, repositores de mercadorias, orçamentistas pessoas dos setores de cadastro, compra, vendas, estoque, produção, logística etc. O advento do projeto Sped deixou muito clara a necessidade de integração de conhecimentos na empresa, que é um organismo vivo em que cada um depende de alguém que recebeu a informação antes, e, por sua vez, será um fornecedor de dados para quem vai receber a informação depois. É um grande erro achar que o conhecimento fiscal é atribuição apenas da contabilidade. Hoje, já está claro que muitos outros setores precisam conhecer um pouco sobre assuntos fiscais.

E, por fim, devemos ainda pensar no caso dos industrializadores que devem definir internamente como será o processo de informar aos clientes os dados necessários para que eles possam alimentar os registros K250 e K255 e H010. Quem vai alimentar, como vai alimentar, quando vai alimentar e quando vai enviar aos clientes essas informações. Já aqueles que mandam industrializar fora devem pensar nos mesmos aspectos em relação ao seu sistema, que deverá ser alimentado com as informações recebidas do industrializador, isto é, quem vai alimentar, como vai alimentar, quando vai alimentar e quando vai enviar ao escritório contábil essas informações. Vemos, então, que há muita lição de casa para ser feita e que o envolvimento de vários profissionais de departamentos diversos é fundamental.

Passo 10:
manutenção da organização

No passo anterior, falei sobre a necessidade de "arrumar a casa" adequando sistemas, treinando funcionários, criando métodos, regras e processos. Para resumir tudo que já discutimos nos nove passos anteriores, veja esta divisão em quatro grandes tópicos:

- Especialização do contador e de sua equipe;
- Conscientização dos clientes sobre a importância do assunto;
- Preparação dos sistemas do cliente e do escritório;
- Organização interna da empresa.

A preparação e a adoção de todas essas recomendações demandam muitos esforços, treinamentos, discussões entre as partes envolvidas, como contador e cliente. Para que se obtenha sucesso, é imprescindível que tudo isso seja feito em conjunto, ambas as partes, contador e cliente, direcionando esforços para um objetivo comum.

Penso que a palavra que expressa da melhor forma esse momento é parceria. Somente a parceria entre cliente e contador pode levar ao sucesso na entrega desta obrigação acessória denominada Sped Fiscal (com seus Blocos K e H), de forma correta e segura. Alcançado o objetivo de adoção de todos os passos necessários para geração do Sped Fiscal (com os Blocos H e K) corretamente, o próximo desafio é fazer com que a máquina continue trabalhando na direção desejada, ou seja, que as coisas continuem funcionando corretamente no dia a dia, que haja consciência de que o fluxo das ações diárias devem preservar a manutenção do cadastro em ordem, que os novos funcionários sejam treinados, que o controle dos estoques se torne prática diária, que as perdas sejam devidamente comunicadas para emissão da respectiva nota fiscal, que as datas de entrega das informações sejam cumpridas. Creio que podemos estabelecer alguns pontos para que a casa continue em ordem:

1. Estabelecer um fluxo das atividades na produção, explicar aos funcionários e manter essa explicação em local visível para todos.
2. Criar um manual de procedimentos para cada setor dentro da fábrica.
3. Criar um manual de atividades de cada funcionário ligado direta ou indiretamente à produção (incluindo engenharia, cadastro, almoxarifado etc.).
4. Estabelecer a regra de que cada funcionário novo deverá ser treinado dentro desses parâmetros e as atividades específicas nos planos e nos manuais da empresa.
5. Elaborar inventários periódicos confrontado dados do sistema com a realidade física.
6. Comunicar ao contador eventuais necessidades de ajustes após a contagem física.
7. Comunicar ao contador as perdas de estoque.
8. Oferecer aos funcionários treinamentos nas suas áreas de atuação.
9. Oferecer aos funcionários treinamentos tributários naquilo que a sua atividade exige.
10. Comunicar mudanças nas fórmulas dos produtos ou no processo produtivo ao contador para adequação das informações nos respectivos sistemas do escritório e da empresa.

Essas são algumas sugestões que devem ser adaptadas à realidade de cada empresa e que certamente ajudarão a manter a casa em perfeita ordem.

Correlação entre os 4 pilares e os 10 passos

Os 4C
(C1) – Contador
(C2) – Cliente
(C3) – Computador
(C4) – Casa

Correlação entre os 10 passos e os 4 pilares

Passo 1 – Reunião coletiva com os clientes **(C1/C2)**
Passo 2 – Reunião individual com cada cliente **(C2)**
Passo 3 – Desvendando o inventário **(C2)**
Passo 4 – Avaliação do sistema do cliente **(C1/C3)**
Passo 5 – Adequar cadastro – código do item **(C1/C3)**
Passo 6 – Adequar cadastro – tipo de item **(C1/C3)**
Passo 7 – Adequar ficha técnica dos produtos **(C1/C3)**
Passo 8 – Tratar a industrialização por encomenda **(C4)**
Passo 9 – Organizar processos da empresa **(C4)**
Passo 10 – Manter a organização **(C4)**

Escritório escritura, fábrica fabrica!
Escritório não gera Bloco K!
Prof. Antonio Sérgio

ICMS: perdas ou quebras de estoque?

No Bloco K, uma das informações a serem prestadas refere-se ao estoque no final de cada mês por meio do "Registro K200 – Estoque Escriturado". Na etapa inicial de envio do Bloco K, esse é o único registro exigido no envio, acompanhado, quando for o caso, do "Registro K280" referente a eventuais ajustes no K200.

Já no Bloco H, informaremos o estoque no "Registro H010". Quando se fala em apresentação das informações de estoque, surge com frequência a seguinte pergunta: "E as perdas do estoque, como tratar?". Como nosso foco aqui são os Blocos K e H, vamos tratar das questões de perdas do estoque pertinentes ao ICMS. Cabe alertar que, do ponto de vista da legislação do imposto de renda, outros cuidados são exigidos no tocante a este tema.

No desenvolvimento de suas atividades diárias, as empresas enfrentam inúmeras situações que afetam seus estoques, como falta de controles internos, controles inadequados, perecimento, deterioração, extravios, furto, roubo etc. Essas ocorrências podem acontecer em relação a insumos (matérias-primas, material secundário e material de embalagem) ou em relação a produtos acabados ou mesmo a produtos de revenda. Ocorrências como essas podem gerar diferenças nos estoques e, por isso, as quebras de estoques devem ser ajustadas para que seus Livros Fiscais não percam sua acurácia.

No caso de empresas industriais, as quebras de estoque no processo de industrialização também devem ser ajustadas periodicamente.

Estorno dos créditos

Em relação aos tributos indiretos (PIS, Cofins, ICMS, IPI), a legislação, em obediência ao princípio da não cumulatividade, geralmente estabelece o estorno dos créditos apropriados na entrada dos insumos utilizados na produção ou dos créditos apropriados na compra de produtos para revenda que tenham sido furtados, roubados, inutilizados, deteriorados ou destruídos. Como exemplo, posso citar o que prevê o Regulamento do ICMS do estado de São Paulo, que, no art. 67, *caput* I (RICMS/2000-Decreto n. 45.490/2000), determina o estorno do imposto que se tiver creditado, sempre que o serviço tomado ou a mercadoria entrada no estabelecimento: "I – vier a perecer, deteriorar-se ou for objeto de roubo, furto ou extravio".

Emissão de nota fiscal de perda

Os estados determinam em suas legislações internas os procedimentos para regularizar a situação de perdas. Como exemplo, temos o estado de São Paulo que, por meio do Decreto n. 61.720/2015, exige a emissão da nota fiscal de perda que deverá:

a) indicar, no campo "Código Fiscal de Operações e Prestações – CFOP", o **CFOP 5.927**;

b) ser emitida sem destaque do valor do imposto;

Também é determinado que o contribuinte deverá estornar eventual crédito do imposto, nos termos do artigo 67.

Lançamento do estorno do crédito

O crédito a ser estornado deverá ser lançado no Livro Registro de Apuração do ICMS (LRAICMS), Modelo 9, no campo "Débito do Imposto – Estorno de Créditos (Item 003)", contendo a indicação do motivo que determinou o estorno e a respectiva base legal. Na empresa sujeita à entrega da Escrituração Fiscal Digital do ICMS/IPI (ou SPED FISCAL), o estorno do crédito deverá ser efetuado diretamente no "Registro E111" (VL_ESTORNOS_CRED) com a utilização do código de ajuste "SP010301 – estorno de imposto creditado quando a mercadoria entrada no estabelecimento vier a perecer, deteriorar-se ou for objeto de roubo, furto ou extravio".

Perdas no processo industrial: não aplicabilidade do estorno

As legislações estaduais ao tratarem da necessidade de estorno do crédito fazem referência às ocorrências de perda, roubo, extravio, deterioração ou perecimento, como pudemos ver no art. 67 exemplificando a legislação de São Paulo. As perdas do processo industrial, desde que razoáveis em comparação com os processos normais de empresas do mesmo segmento, não se encaixam nessas hipóteses exemplificadas no art. 67.

É muito comum o questionamento sobre o valor da porcentagem aceita pelo fisco como perda no processo. O que entendo é que não há um número fixo definido, pois pode variar de empresa para empresa, de processo para processo. O fato é que, para as perdas normais, o fisco tem se manifestado no sentido de não exigir o estorno do crédito para esses casos como consta em algumas respostas a seguir.

6ª Câmara – Decisão de 28.03.72
Relator: Fábio Romeu Canton

Quebra – Industrial – Não se sujeita a estorno do crédito
Nas quebras decorrentes de processo de industrialização, desde que não ocorra diminuição do valor da operação, descabe cogitar-se de estorno do crédito.
Processo: DRT-1-90759/70

4ª Câmara – Decisão de 22.10.71
Relator: César Machado Scartezini
Quebra – Industrial – Comprovação – Não sujeição a estorno
As quebras industriais se comprovam pela venda do resíduo, encontram-se sempre incorporadas ao custo e compõem o preço de saída, onerado pelo ICM, mas não obrigam ao estorno do crédito pela entrada.
Processo: DRT-1-49792/69

Legislação:
PIS/COFINS arts. 3º, § 13 e 15 da Lei nº 10.833/2003;
IPI art. 254 do RIPI/2010;
ICMS art. 67 do RICMS/2000-SP.[4]

---

[4] Secretaria da Fazenda e Planejamento do Governo do Estado de São Paulo. Composição das Câmaras Julgadoras – Biênio 2018/2019. Disponível em: https://portal.fazenda.sp.gov.br/servicos/tit/Paginas/C%C3%A2maras-Julgadoras.aspx. Acesso em: out. 2019.

Alteração de código do "Registro 0205"

Obrigatoriedade do uso do código interno

Um dos pontos para os quais tenho chamado muito a atenção é para importância da parametrização dos produtos nos cadastros da empresa que vai enviar os Blocos K e H. Essa parametrização recomendada tem como foco principal a adequação dos códigos dos produtos na entrada do documento fiscal.

Um dos grandes problemas que encontro nos meus trabalhos de auditoria do Sped Fiscal é a utilização do código do fornecedor quando da importação do XML de entrada. O correto seria se o produto fosse escriturado na entrada utilizando o código interno no cadastro da empresa e não o código de produto do fornecedor. Tal recomendação está baseada em alguns trechos do Guia Prático da EFD ICMS/IPI (ou Sped Fiscal).

Na Seção 6 do Capítulo 1 do guia, encontramos a seguinte frase: "As informações deverão ser prestadas sob o enfoque do declarante". Mais à frente, já nas explicações do "Registro 0200", encontramos mais claramente outra indicação do fisco sobre a necessidade de registrar o produto com sua codificação interna, veja:

REGISTRO 0200: TABELA DE IDENTIFICAÇÃO DO ITEM (PRODUTO E SERVIÇOS)
[...] A identificação do item (produto ou serviço) **deverá receber o código próprio do informante** do arquivo em qualquer documento,

lançamento efetuado ou arquivo informado (significa que o código de produto deve ser o mesmo na emissão dos documentos fiscais, na entrada das mercadorias ou em qualquer outra informação prestada ao fisco), observando-se ainda que:

a) O código utilizado não pode ser duplicado ou atribuído a itens (produto ou serviço) diferentes. Os produtos e serviços que sofrerem alterações em suas características básicas deverão ser identificados com códigos diferentes. Em caso de alteração de codificação, deverão ser informados o código e a descrição anteriores e as datas de validade inicial e final no registro 0205.[5]

Fica claro que a regra é adotar a codificação interna para o item que entra na empresa, seja mercadoria de revenda, matéria-prima, material de consumo etc.

Como consertar: "Registro 0205"

Embora tenha ficado bem clara a necessidade de considerar os códigos internos, é muito grande o número de empresas que têm enviado seus Sped Fiscais nos últimos anos com a codificação indevida, principalmente, no caso de escritórios de contabilidade que, devido ao grande volume de trabalho que ocasiona falta de tempo e à complexidade do trabalho de parametrização, acabam adiando essa tarefa.

O trabalho de parametrização exige, além de um bom conhecimento da legislação, o conhecimento e familiaridade com a ferramenta (o sistema fiscal) onde o Sped Fiscal é gerado. Comumente deparo com funcionários de escritórios que desconhecem todas as funcionalidades do sistema que utilizam, fazem apenas o "arroz e feijão" diário. Entendo que em algum momento essa situação precisará ser ajustada. Deverá ser realizado o famoso "de-para" dos códigos do fornecedor para os códigos internos na empresa.

---

[5] *Guia prático da EFD ICMS/IPÍ*. Disponível em: http://sped.rfb.gov.br/arquivo/show/2761. Acesso em: out. 2019.

Depois que toda essa atividade for realizada, chega o momento de alimentar essa informação no Sped o que deverá ser feito pelo envio do "Registro 0205", que tem a finalidade de comunicar uma alteração na codificação do item.

REGISTRO 0205: ALTERAÇÃO DO ITEM
Este registro tem por objetivo informar alterações ocorridas na descrição do produto ou **quando ocorrer alteração na codificação do produto**, desde que não o descaracterize ou haja modificação que o identifique como sendo novo produto. Caso não tenha ocorrido movimentação no período da alteração do item, deverá ser informada no primeiro período em que houver movimentação do item ou no inventário.[6]

Embora seja uma tarefa árdua, em algum momento ela deverá ser realizada, e quando isso acontecer é importante que os incumbidos dessa alteração estejam cientes de como o processo deve ser feito.

---

[6] *Guia Prático da EFD ICMS/IPI*. Disponível em: http://sped.rfb.gov.br/arquivo/show/2761. Acesso em: out. 2019.

Cruzamento dos Blocos K e H em dezembro

Meu objetivo neste tópico é alertar como a empresa deverá apresentar o inventário no mês de dezembro (Bloco H), ao mesmo tempo que também entregará dentro do Sped Fiscal o controle da produção e do estoque (Bloco K). Nesses dois blocos, temos registros que apresentam as mercadorias de forma individualizada (registros H010 e K200).

Para a maioria das empresas, o final do ano é o momento da realização do inventário físico. Periodicamente, ou no mínimo ao final de cada exercício, as empresas devem inventariar seus estoques de matérias-primas, produtos acabados, produtos em elaboração e mercadorias para revenda. Esse inventário deve ser escriturado no Livro Registro de Inventário, também conhecido como Bloco H, dentro do Sped Fiscal, seguindo as prescrições fiscais exigidas (ICMS, IPI e imposto de renda). Os inventários têm o objetivo de certificar se os relatórios do sistema informatizado de controle de estoque da empresa estão em consonância com os volumes físicos existentes no estoque.

A organização e o controle de estoque, feitos em conjunto com inventários físicos periódicos, evitam o acúmulo de grandes divergências como sobra ou falta de produtos, além de ajudar a controlar as finanças adquirindo os produtos certos conforme o giro e contribui na otimização do uso do espaço físico da empresa ao evitar armazenamento de mercadorias de pouco ou nenhum giro.

Uma grande parte das pequenas empresas não realiza um controle eficaz dos insumos, apresentando diferenças de estoque, ou seja, as quantidades físicas não batem com o registro nas fichas ou no sistema de controle. A falta de controle tem como consequência a impossibilidade de checar se o consumo efetivo dos materiais está de acordo com a sua real necessidade. Não sabendo o consumo real, você pode realizar compras desnecessárias e desperdiçar o capital de giro da empresa. Desvios de mercadorias também podem ser uma consequência da falta de um controle efetivo. A empresa ainda pode ser multada por não apresentar as informações corretas do seu estoque.

O fisco federal poderá arbitrar o lucro da pessoa jurídica sujeita à tributação com base no lucro real, quando esta não mantiver escrituração na forma das leis comerciais e fiscais. Em outras palavras, o fisco pode dizer quanto ele acha que foi o lucro da sua empresa e assim estabelecer o valor do imposto de renda.

Do ponto de vista estadual, a ausência de escrituração do Livro de Inventário implica também em infração perante a legislação do ICMS de cada estado. As multas estaduais são estabelecidas considerando os valores movimentados durante o ano, ou seja, podem ser muito elevadas. Por isso, são fundamentais o controle durante todo o ano e uma correta informação dos estoques na hora de fechar o balanço.

É importante lembrar que atualmente o fisco já dispõe de todas as suas compras e vendas, item a item, por meio da nota eletrônica e do Sped. Ainda hoje, temos empresários que colocam a culpa do seu descontrole do estoque no alto custo de um sistema de controle. Para esses empresários, tenho mostrado que já existem sistemas de controle voltados para as pequenas empresas com valores bastante acessíveis e de fácil operação que levam em conta a realidade dessas empresas.

Empresário, nunca se esqueça de uma coisa: *se você não fizer o controle e passar uma informação incorreta, o seu contador não tem como dar um jeitinho nos números da sua empresa.*

É de se supor que os números existentes nesses dois registros sejam semelhantes, pois informarão os mesmos dados em campos diferentes. Nos meus trabalhos com clientes de escritórios de contabilidade, vejo que isso não tem sido algo muito simples. Frequentemente, os números apresentam grandes e inexplicáveis distorções.

É necessário avaliar os critérios de alimentação de cada um dos blocos para que se tenha a segurança de que quando chegar em dezembro a informação estará correta. Mas você não precisa esperar até dezembro para fazer isso, pode fazer agora mesmo neste mês indo até o seu sistema e gerando um Bloco K e um Bloco H deste mês e comparar os valores.

Simples Nacional: cuidado na industrialização

No tópico anterior, chamei a atenção para a importância de os números do estoque em dezembro no Bloco H estarem corretos, pois servirão de base comparativa para os arquivos com Bloco K. Neste capítulo, quero chamar a atenção para uma situação que tem sido trazida a mim pelos alunos de empresas que ainda não estão no Bloco K, mas que estão sendo obrigadas a implantá-lo internamente. E a pergunta que surge é: obrigadas por quem? E a resposta é: pelo mercado. E quais seriam essas empresas? São empresas optantes do Simples Nacional, que, por enquanto, mesmo que desenvolvam atividade industrial, ainda não estão sujeitas ao Bloco K em São Paulo.

Vejam que, mesmo não estando obrigadas pela regra governamental, clientes ou fornecedores têm exigido esses controles para poderem manter o vínculo comercial. Uma empresa sujeita ao Bloco K, ao terceirizar a industrialização, deverá detalhar como aconteceu esse processo e enviá-lo no seu Bloco K. Se o industrializador não enviar essa informação no formato do Sped, o encomendante poderá ter dificuldades de alimentar os dados em seu sistema. Por isso, ele vai exigir do industrializador que mantenha e envie os controles já no formato do Bloco K.

Ainda que você pense que no atual momento o fisco não está exigindo todos os registros (apenas o K200 e K280, por enquanto), entendo que, mesmo assim, para se chegar a uma informação correta no K200, será necessário que todos os demais registros estejam sendo alimentados no sistema interno da empresa. Veja a seguir mais explicações sobre essas situações.

Cuidados para quem faz industrialização para terceiros (industrializador não está no Bloco K, mas o encomendante está)

Dentre as informações obrigatórias a serem enviadas pelo Bloco K, uma delas é a produção realizada em estabelecimento de terceiros. Empresas obrigadas ao Bloco K, ao enviarem solicitação de industrialização externa, deverão informar, por meio dos registros K250 e K255, nos quais o autor da encomenda, aquele que fez a remessa para industrialização deve indicar ao fisco a quantia de produtos que foi industrializada e as matérias-primas utilizadas. Além disso, deverá também informar o estoque de produtos remanescente no industrializador, por meio do "Registro K200".

Alerto, portanto, as empresas que tenham como atividade a industrialização para terceiros. Mesmo não estando sujeitas à entrega do Bloco K, elas podem ser solicitadas por seus clientes (empresas de grande porte) a informarem as quantidades produzidas (K250) e o respectivo consumo real das matérias-primas (K255) enviadas pelo encomendante, as eventuais substituições de materiais em relação à ficha técnica (0210) e os saldos em estoque ao final de cada mês (K200).

Eventualmente, recebo em meu canal do YouTube, Livrosped, perguntas sobre como o industrializador deverá enviar essas informações ao encomendante. O formato, a data e o meio como essas informações serão enviadas dependerá de negociação entre autor da encomenda e encomendante, pois a legislação não estabelece regras de como isso deverá ocorrer. É uma negociação comercial e contratual entre as partes. É importante destacar que, para fins de Bloco K, devem ser informadas apenas as quantidades não sendo exigidos valores, por enquanto. Por isso, mesmo não estando sujeita ao Bloco K, essa empresa que tem clientes no Bloco K, por uma necessidade comercial, deverá possuir controles compatíveis com essa nova regra.

Cuidados para quem manda industrializar em terceiros (encomendante não está no Bloco K, mas o industrializador está)

Por outro lado, pode ocorrer de a empresa não estar no Bloco K, mas solicitar industrialização em uma empresa obrigando a entrega. A empresa industrializadora deverá informar no seu Bloco K a produção realizada para terceiros nos registros K230 e K235. Para isso, necessitará de uma ficha técnica do produto, percentual de perda, e controlar os estoques de matérias-primas e outros materiais do encomendante mensalmente. É importante que esse encomendante disponha dos controles adequados, pois sua produção estará sendo monitorada pelo fisco por meio de registros enviados pelo industrializador.

Resumo dos pontos de atenção da industrialização

Vejamos, então, um resumo das situações que podem ocorrer com as empresas ainda não sujeitas ao Bloco K, mas que, por questões comerciais, podem ficar obrigadas a adotar os controles pertinentes ao Sped Fiscal e ao Bloco K.

- **Industrializador não sujeito ao Bloco K**: pode receber de cliente sujeito ao Bloco K;
- **Encomendante não sujeito ao Bloco K**: pode enviar para industrializador sujeito ao Bloco K;

- **Industrializador no simples não sujeito ao Bloco K**: pode receber de cliente sujeito ao Bloco K;
- **Encomendante no simples não sujeito ao Bloco K**: pode enviar para industrializador sujeito ao Bloco K.

Por esses motivos, deixo aqui a recomendação da importância de você, contador ou empresário, estar ciente da necessidade de manter controles internos, sistemas e funcionários preparados para atendimento das regras relativas ao Sped Fiscal e ao Bloco K independentemente do calendário da obrigatoriedade.

Advertência aos clientes

Tenho constatado em minhas andanças pelo país, nas minhas aulas e nas minhas palestras que ainda é muito grande a quantidade de profissionais de contabilidade que relatam que seus clientes ainda não estão preparados para o envio das informações dos Blocos K e H. Diante da urgência e da gravidade do assunto, resolvi compartilhar um comunicado que elaborei como apoio aos escritórios de contabilidade para os quais presto consultoria. Trata-se de um comunicado visando alertar sobre a importância da entrega do Bloco K. Por mais que já tenhamos avisado nossos clientes, nunca é demais reforçar a necessidade do envio da informação correta e dentro do prazo. Por isso, tenho orientado os escritórios, além da realização de palestras, a intensificar as comunicações cobrando as informações dos clientes. Acredito que o comunicado abaixo possa ser de utilidade para você que também enfrenta essa dificuldade de convencimento dos clientes.

Comunicado para os clientes do escritório contábil

Desde o mês de janeiro de 2019, as empresas industriais, atacadistas e equiparados com faturamento abaixo de 78 milhões de reais ficaram sujeitas ao Bloco K, que é uma obrigação na qual as empresas devem apresentar ao governo a movimentação da sua produção e o estoque ao final de cada mês. As empresas industriais com faturamento acima de 78 milhões de reais já estavam obrigadas desde janeiro de 2018.

Embora no arquivo oficial a ser enviado deva constar apenas os registros K200 e K280 destacamos que o "Registro K200" é o resultado final das mercadorias em estoque depois dos lançamentos das Ordens de Produção (OP) no sistema de controle de estoque da empresa, ou seja, para se chegar a uma informação correta no K200 é preciso que todos os lançamentos sejam feitos no sistema seguindo a ficha técnica de cada produto.

Recebemos também (ou deveríamos ter recebido) de nossos clientes o arquivo com as informações para alimentar o inventário (Bloco H). E nunca é demais lembrar que INVENTÁRIO (Bloco H) é uma coisa e CONTROLE DA PRODUÇÃO E ESTOQUE (Bloco K) é outra coisa. No entanto, as informações que constam nos dois arquivos devem ser semelhantes, pois o governo deverá fazer o cruzamento desses dados.

Solicitamos a todos os clientes (indústrias, importadores e atacadistas) que ainda não enviaram os dados do Bloco K que nos enviem o mais breve possível seus arquivos. E aqueles que nos enviaram com informações sabidamente incorretas que providenciem a adequação dos dados para futura retificação.

Sabemos que o assunto é complexo, por esse motivo nosso escritório se coloca à disposição para uma reunião de esclarecimento e preparação de um plano de ação para regularização das informações.

O escritório de contabilidade

Diagnóstico do cliente para o Bloco K

Depois dos tópicos que acabamos de ler neste livro, em que tivemos a oportunidade de conhecer o Método Estoque Parceria 4C, os seus 4 Pilares para entrega do Bloco K e, depois, os 10 Passos para aplicação do Método Estoque Parceria 4C, já temos a percepção de que há muito trabalho a ser feito a fim de deixar a empresa em condições de atender adequadamente às novas exigências para controle da produção e do estoque e, consequentemente, a entrega do Bloco K.

Por isso, quero sugerir a realização de um diagnóstico que poderá servir de ponto de partida para o escritório começar a preparar a reorganização da produção e do estoque do cliente. A ideia é que, com os resultados em mãos, o escritório contábil possa fazer, em parceria com o cliente, um planejamento das ações futuras para adequação ao Bloco K.

Quadro 2 – Método parceria 4C: checklist para diagnóstico da situação atual do cliente em relação ao Bloco K

Item	Descrição	S	N
	CONTADOR		
1.1	Funcionários do escritório realizam educação continuada permanente direcionada e detalhada sobre Sped Fiscal/Bloco K?		

Item	Descrição	S	N
1.2	Contador ou dirigente do escritório realizam educação continuada permanente direcionada e detalhada sobre Sped Fiscal/Bloco K?		
1.3	Contador e funcionários conhecem o negócio e o modo de produção do cliente?		
1.4	Aspectos de "Código do item" e "Tipo do item" são de pleno domínio do pessoal do escritório?		
1.5	Possíveis cruzamentos com Bloco H, e-Social, ECF são de pleno domínio do pessoal do escritório?		
	CLIENTE		
2.1	Fez-se palestra ou evento para noticiar Bloco K ao cliente?		
2.2	Conversou-se individualmente com cada cliente?		
2.3	Foi explicada ao cliente a relação entre Bloco K e inventário?		
2.4	Ficou claro ao cliente que a informação deve sair do sistema dele?		
2.5	O cliente está ciente das multas previstas?		
	COMPUTADOR		
3.1	O sistema da empresa gera arquivo Bloco K no layout do Sped?		
3.2	O sistema do escritório consegue importar e validar esse arquivo?		
3.3	A informação do Bloco K está coerente com Bloco H (inventário)?		
3.4	Cadastros de produtos na empresa e escritório convergem?		
3.5	Cópias de sistemas e arquivos informatizados são mantidos em local externo?		
3.6	Código de itens são parametrizados na entrada com código interno?		
3.7	Sistema da empresa gera demais Blocos (0, C, D e H)?		
3.8	Os sistemas de compras e de vendas registram item por item os produtos que entram/saem da empresa?		
	CASA		
4.1	Todos os produtos/mercadorias estão corretamente cadastrados segundo a classificação do guia prático do Sped?		
4.2	Efetua o inventario físico dos estoques com a frequência necessária para garantir sua acurácia (exatidão/precisão)?		
4.3	Possui processos produtivos descritos, organizados e treinados?		

Item	Descrição	S	N
4.4	Tem procedimentos formais para controle e movimentação de estoques (entradas, saídas, perdas, desvios, danos etc.)?		
4.5	Funcionários são treinados para registro das OPs no sistema?		
4.6	Funcionários que geram dados para o Sped estão devidamente capacitados (compras, cadastro, TI, produção, faturamento, vendas)?		
4.7	Industrialização por terceiros: já foi combinado com o industrializador formato e data da entrega das informações mensais?		
	Total		

O QUE MANTER?

O QUE MUDAR?

O QUE IMPLANTAR?

AÇÕES PLANEJADAS (O que você pode começar hoje?)			
AÇÃO	DESCRIÇÃO		PRAZO

Após a realização do diagnóstico, se você tiver pelo menos uma resposta assinalada com "não" alguma providência deverá ser adotada. Se tiver mais que cinco respostas assinaladas com "não", talvez seja necessário buscar ajuda especializada na solução dos seus problemas.

Conclusão

Depois dessa jornada pelos meandros dos Blocos K e H, fica clara a necessidade de aprofundar o conhecimento não só desses blocos, mas também do Sped Fiscal entendendo a relação entre os vários blocos em que são realizados o cadastro, o lançamento das notas fiscais, as informações complementares. E, se não bastasse isso, ainda temos de olhar para as obrigações na área contábil (ECD, ECF) e na área trabalhista (e-Socieal, Reinf) analisando a interação entre essas obrigações e os Blocos K e H.

Tanto o profissional do escritório contábil como seus clientes devem estar cientes das responsabilidades de cada uma das partes na entrega dessa obrigação. Ao cliente, cabe manter sistemas adequados, criar processos internos organizando fluxos de uso dos materiais, processo produtivo, controle de perdas, inventário físico permanente, treinar funcionários etc. Ao escritório contábil, cabe estudar detalhadamente as legislações que tratam da entrega dos Blocos K e H conscientizando-se da necessidade de sua compreensão, bem como da compreensão do Sped Fiscal, do ICMS, das regras para se fazer um adequado inventário físico, da legislação que trata de inventário no RIR e no RIPI. Deve ainda entender sobre nota fiscal, tratamento das perdas, orientar o cliente e acompanhar o que está sendo feito por ele.

Minha contribuição neste cenário é compartilhar meu conhecimento e minha experiência a partir de meus cursos on-line, de textos e vídeos gratuitos em minhas redes sociais e das centenas de palestras ministradas aos milhares de clientes dos escritórios contábeis. Minha vivência de mais de dez anos ensinando Sped mostra que as dificuldades no entendimento e no atendimento dos dois blocos ainda são muito grandes e exigem ações mais amplas e efetivas que vão além de um curso apenas. É preciso mais.

O dia seguinte é o xis da questão: o que fazer depois do curso? O que dizer aos clientes? Sou da opinião que nós da área fiscal temos de estudar todos os dias, de forma permanente. Levo em média oito semanas para discutir o conteúdo deste livro com meus alunos, pois além de uma abordagem detalhada dos quatro pilares e dos dez passos orientando contador e cliente na implantação do Método Estoque Parceria 4C, ainda temos encontros de discussão e esclarecimento de dúvidas. Mas seja qual meio for, é importante estudar sempre!

Depoimentos de profissionais tributários

Esta obra é voltada em especial aos escritórios de contabilidade, público com o qual tenho contato diariamente, tanto por meio de treinamentos internos, palestras para clientes como em trabalhos de auditoria no Sped Fiscal. Também ministro aulas nas principais instituições da classe contábil como Sindicato das Empresas de Serviços Contábeis e das Empresas de Assessoramento, Perícias, Informações e Pesquisas no Estado de São Paulo (Sescon), Sindicato dos Contabilistas de São Paulo (Sindcont), Sindicato dos Contabilistas de Santo André (Sincosa), Conselho Regional de Contabilidade (CRC), Conselho Federal de Contabilidade (CFC) e escolas como Fundação Instituto de Pesquisas Contábeis, Atuariais e Financeiras (Fipecafi) e na pós-graduação na Trevisan e no Serviço Nacional de Aprendizagem Comercial (Senac).

Trago aqui os depoimentos de três grandes profissionais da área fiscal, que contam suas experiências neste novo cenário de obrigações digitais: Priscila Maluzza Pissinato, Damaris Fernandes Del Gelmo e Jaqueline Costa.

Bloco K do ponto de vista de uma implantação interna

O Bloco K traz uma série de novas dificuldades para a empresa, uma delas é ter todos os processos relacionados aos produtos sendo abrangidos por essa nova rotina dentro do Sped-Bloco K. A empresa deve pensar em todos os detalhes para que nada escape aos "olhos do fisco", caso contrário, além das dificuldades, a empresa poderá sofrer penalidades.

Outro ponto que é de extrema relevância é a revisão, sem exceção, de todos os cadastros de fornecedores, clientes e produtos, principalmente, com detalhe nas características de produtos como Código de Situação Tributária (CST), já que o Bloco K deve ser preenchido do ponto de vista do informante. A adaptação dos cadastros com o olhar da própria empresa toma um tempo imenso de uma parte da equipe.

Ainda com relação aos cadastros, a classificação dos produtos quanto ao Tipo de Item merece muita atenção, dada a segregação de classificações quanto ao material para revenda, à matéria-prima, ao produto em processo, ao produto acabado etc.

Sem sombra de dúvidas, 2019 será um ano de adaptações internas para o cumprimento de uma única nova obrigação acessória e ainda com muitos ajustes para serem feitos.

Priscila Maluzza Pissinato
Contadora

Capacitação e sistemas para enfrentar a burocracia

Quem trabalha na área tributária de uma empresa, seja ela de pequeno porte, seja de médio ou grande porte, enfrenta mensalmente grandes dificuldades para conseguir elaborar corretamente, e em tempo hábil, a entrega das diversas obrigações acessórias, entre elas o Sped.

Um dos problemas é a falta de conhecimento e capacitação dos profissionais. Na era digital ainda é comum encontrar profissionais mal treinados ou pouco preparados para as demandas do mundo atual. Muitas vezes, isso ocorre por falta de comunicação entre a equipe fiscal e os demais departamentos envolvidos.

É lamentável perceber que a maioria das empresas trabalha para cumprir os prazos das diversas obrigações, deixando em segundo plano a qualidade e a credibilidade das informações com aumento dos riscos fiscais decorridos de erros, divergências e informações inseridas incorretamente nas declarações.

Damaris Fernandes Del Gelmo
Contadora

Treinamento não é custo, é investimento

Atualmente, faço parte do time tributário de uma empresa multinacional, porém, atuei durante cinco anos em um escritório contábil. Com experiência nesses dois ambientes percebi algo em comum: a falta de aperfeiçoamento profissional que resulta no não cumprimento da conformidade fiscal em suas operações e rotinas. Na minha percepção, dentro da organização, seja ela escritório ou empresa, esse conhecimento não é alcançado pelas rotinas, como muita gente imagina. Sabe aquela frase: "Sempre foi feito assim!"? Continuam fazendo, assim, mas esquecem que tudo muda, principalmente na área tributária. Entendo que deve existir o interesse de ambas as partes na busca pelo conhecimento tanto pelo profissional quanto pela empresa ou escritório contábil. Portanto, veja cursos, treinamentos e palestras como investimentos para o crescimento e viabilize incentivos para que seus colaboradores não sejam apenas mais um encargo de sua folha de pagamento, mas, meios de maximizar seus lucros com uma alta performance. Encerro com a seguinte frase: "Não é o seu tamanho que define sua grandiosidade, mas sim o seu conteúdo de qualidade!".

Jaqueline Costa
Contadora

Bibliografia e *sites* sugeridos

Legislação
Ajuste SINIEF 02/2009 e 25/2016
Ato Cotepe 09/2008
Convênio ICMS S/N de 1970 – art. 63 e 72
Guia Prático EFD ICMS IPI – v. 3.01
Instrução Normativa da Receita Federal n. 1.652/2016
Nota Técnica EFD ICMS IPI 2018.001 v. 2.0
Regulamento do IPI de 2010 – art. 444 e 461
Regulamento do Imposto de Renda (RIR) art. 301 (Decreto 9.580/2018)
São Paulo – Art. 216 do RICMS/00 e Portaria CAT 147/2009

Sites
Ministério da Fazenda: www.fazenda.gov.br
Portal do Sped: www.portaldosped.com.br
Receita Federal: www.receita.fazenda.gov.br
Tributário Expert: www.tributarioexpert.com.br

Acessos em: out. 2019.

ANTONIO SERGIOOFICIAL

Faça a leitura desta tag de nome no Instagram para seguir antoniosergiooficial.

PALESTRAS E TREINAMENTOS
e-SOCIAL
EFD REINF
BLOCO K
SUBSTITUIÇÃO TRIBUTÁRIA

ESCRITÓRIO CONTÁBIL:
PREPARE SEUS CLIENTES
PREPARE SEUS COLABORADORES
www.tributarioexpert.com.br   antoniosergio25@uol.com.br
(11) 9-9298-6946

Este livro foi composto em Adobe Garamond Pro 11/14,3 pt e impresso pela gráfica Viena em papel Pólen Bold 90 g/m².